中华经典国学口袋书

中国通史

周恒忠◎编

陕西新華出版 三秦出版社

图书在版编目（CIP）数据

中国通史 / 周恒忠编. --西安：三秦出版社，2017.9（2025.8重印）
（中华经典国学口袋书 / 徐喜平主编）
ISBN 978-7-5518-1613-7

Ⅰ. ①中… Ⅱ. ①周… Ⅲ. ①中国历史 Ⅳ. ①K20

中国版本图书馆CIP数据核字（2017）第213586号

出品人　支旭仲
项目策划　匡俊英　白忠平
责　　编　马若楠
封面设计　新华智品
版式设计　高东海
内文排版　白英华

出版发行　三秦出版社
地　　址　西安市雁塔区曲江新区登高路1388号
电　　话　（029）81205236
邮政编码　710061

规　　格　850mm × 1168mm　1/32
　　　　　印张5　字数85千字
印　　刷　北京一鑫印务有限责任公司
版　　次　2017年9月第1版　　2025年8月第3次印刷
标准书号　ISBN 978-7-5518-1613-7
定　　价　35.00元

前　言

以铜为镜，可以正衣冠；以人为镜，可以知得失；以史为镜，可以知兴废。要理解现实必须懂得历史，借鉴前人得失，古为今用。今天，我们在这个高速发展的时代回顾历史，了解历史，感悟历史，不仅是一个形式，更是时代发展的需要。江泽民曾说："中华民族的历史，是全民族共同的财富。全党全社会都应该重视对中国历史的学习，这对于大家弄清楚我国历史的基本脉络和中华民族的发展历程，增强民族自尊心、自信心和奋发图强的精神，增强唯物史观，丰富治国经验，都是很有好处的。"鉴于此，我们精心编写了这部《中国通史》。

本书是按照现代新型教育理念，在吸收国内史学研究成果的基础上，将中华文明悠久历史沉淀下来的丰富的图文资料按历史编年的形式进行编排，记述了从170万年前至公元1912年中国发生的重大历史事件。全书按照中国历史发展的时间顺序，根据各朝代相互更迭的顺序来逐一梳理纷纭繁复的历史事件。并以图片配合通俗易懂的文字叙述形式，全方位介绍了各个朝代的历史主题，生动、真实、全面、客观地反映了中国历史中的重大事件、重要人物、科技文化的突出成就，内容涵盖政治、经济、军事、文化、外交、科技、法律、宗教、艺术、民俗等各个领域。以最新的视角解读中国历史，以最新的形式整合中国历史，带读者跨越千年时光，全面领略中华民族博大精深、源远流长的文化传统，这就是本书的主旨所在。

目　录

伏羲氏和神农氏

在中国古代神话传说中有一个重要的人物叫伏羲氏，他结绳为网，制造新的渔猎工具，同时“画八卦”“正姓氏”“制嫁娶之礼”“造琴瑟”，这表明了伏羲氏生活的时期正是远古人类由渔猎时代向农业时代过渡的时期，说明当时的文明程度也在进一步提高。

伏羲氏之后炎帝神农氏，是农业文明的创造者，他制造农具，亲尝百草。《春秋元命苞》记载：“神农生三辰而能言，五日而能行，七朝而齿具，三岁而知稼穑般戏之事。”《淮南子·修务训》说：“于是神农氏乃始教民播种五谷，相土地宜，燥湿肥垸高下，尝百草之滋味，水泉之甘苦，令民知所辟就。当此之时，一日而遇七十毒。”《礼记·祭法》郑玄注：“厉山氏，炎帝也，起于厉山。或曰有烈山氏。”所谓的原始农业指的就是刀耕火种，主要的活动是放火烧山，开辟林地，驱逐野兽。“炎帝”“烈山氏”的名号也来源于此。

公元前6000年到公元前4000年，遍布黄河流域和长江流域的新石器文化通过互相交流、融合和分化，形成了华夏文化的雏形。而传说中的伏羲、女娲、炎帝神农和稍后的轩辕黄帝，都是华夏文化形成的神话象征。

仰韶文化

仰韶文化1921年首次发现于河南省渑池县仰韶村，也因此而得名。仰韶文化主要分布于黄河中下游一带，又以陕西渭河流域、山西西南和河南西部的狭长地带为中心，东至河北中部，南达汉水中上游，西及甘肃洮河流域，北抵内蒙古河套地区，目前已发掘出文化遗址上千处，出土文物均反映出同一的文化特征。生产工具以磨制石器为主且比较发达，并发现纺织用的石纺轮等。骨器也相当精致。当时农业比较发达，以粟和黍为主要作物。饲养家畜的同时，也从事狩猎、捕鱼和采集，猪为主要家畜。各种日用陶器以细泥红陶和夹砂红褐陶为主。红陶器上常有彩绘的几何形图案或动物形花纹，是仰韶文化的最明显特征，故仰韶文化也称彩陶文化。仰韶文化居住选址一般在河流两岸经长期侵蚀而形成的阶地上,或在两河汇流处较高而平坦的地方，有利于农业、畜牧业的发展，取水和交通也很方便。仰韶文化属于母系氏族公社制繁荣时期的文化。早期盛行集体合葬和同性合葬，几百人埋在一个公共墓地，排列有序。各墓规模和随葬品差别很小，但女子随葬品略多于男子。

半坡遗址

在陕西省西安市发掘的半坡遗址是仰韶文化的早期代表，所处的时代为公元前5000年到公元前4300年间。遗址出土了大量形状各异的陶器：直口弧形平底或圆底钵，卷唇斜弧腹或折腹圆底盆，平唇浅腹平底盆，直口尖底瓶，蒜头细颈壶，侈口鼓腹平底罐，短唇敛口直腰或鼓腹小平底瓮，等等。陶器简单朴素，颇有意趣，纹饰多种多样，有绳纹、弦纹、线纹等。

河姆渡文化

古老的河姆渡文化是中国长江流域新石器文化的代表，因首先发现于浙江余姚市的河姆渡而得名，主要分布在杭州湾南岸的宁绍平原及舟山岛，根据放射性碳元素断代测定，其年代为公元前5000年到公元前3300年。河姆渡文化遗址共分四层：第三、四层和第一、二层分别代表其发展的早期和晚期。早期：约公元前5000年到公元前4000年，以夹炭黑陶为陶器代表，器形分敛口、敞口肩脊釜和直口筒式釜，颈部双耳大口罐，宽沿浅盘，等等。晚期：约公元前4000年到公元前3300年，夹砂红陶和红灰陶占绝对优势，器形有鼎、落地式两足异型　等。

河姆渡文化中，骨器制作比较发达，有耜、镞、鱼镖、哨、锥、匕、锯形器等器物，磨制精细，在一些有柄骨匕、骨笄上雕刻着图案花纹或双头连体鸟纹，既精美又实用。另外，木作工业在河姆渡文化时期非常发达，已出土的许多建筑木构件上凿卯带榫，尤其是创造了较先进的燕尾榫、带销钉孔的榫和企口板。特别是在第三层出土的一件木质漆碗，棱形圈足，外表涂有红色涂料，微显光泽，经鉴定与马王堆汉墓出土漆皮同为生漆，这是迄今中国最早的漆器。

河姆渡文化的农业以种植水稻为主，在其遗址的第四层，较大范围发现遗存的稻谷，有的地方堆积着二十厘米至五十厘米厚交互混杂的稻谷、稻壳、稻杆和稻叶，稻类遗存数量之多，保存之完整，为中国新石器时代考古史上之最。经过科学鉴定，它与马家浜文化桐乡罗家角遗址出土的稻谷属于稻籼亚种晚稻型水稻，年代均在公元前5000年，是迄今中国最早的稻谷实物，也是目前世界上最古老的人工栽培水稻。河姆渡文化的农具除石斧等石质工具外，大量使用骨耜是其最大的特色。骨耜用水牛等大型哺乳动物的肩胛骨制成，主要用来翻土。此外，遗址中出土了成堆的橡子、菱角、酸枣、菌类、藻类、葫芦等植物遗存，反映了当时采集业较发达，这些仍是必不可少的食物来源。

河姆渡出土大量哺乳类、爬行类、鸟类、鱼类和软体动物的遗骨，共四十多件，其中以鹿科动物最多，仅鹿角就有四百多件，鸟、鱼等动物骸骨亦较常见，说明这些动物是当时主要的狩猎、捕捞对象，骨镞、木矛、骨哨、石丸、陶球等是当时人们渔猎的主要工具。

河姆渡文化的主要建筑形式是栽桩架板高于地面的干栏式建筑。在遗址各层都发现了与这种建筑有关的木构件，包括圆桩、方桩、板桩、梁、柱、木板等，数量达千件之多。干栏式建筑是中国长江以南新石器时代以来的河姆渡遗址自然面貌建筑形式之一，目前以河姆渡地区发现的为最早，这与北方地区同时期的半地穴式房屋有着明显区别。

河姆渡文化代表了长江下游新石器文化，与同时期的黄河流域文化相比毫不逊色，其中如夹炭黑陶中的鼎、豆、壶为代表的礼器组合及水稻的栽培，为以后的商、周文化所吸收，成为当时最具代表性的特征。因此长江下游地区的新石器文化和黄河流域的新石器文化一样，同是中华文明的重要渊薮，河姆渡文化代表着与中原地区的仰韶文化截然不同的中国古代文明发展趋势的另一条主线。

母系氏族

氏族大约产生于旧石器时代晚期，分母系氏族和父系氏族两个阶段，母系氏族出现最早且存在时间最长。母系氏族公社的经济基础是原始的公有制。氏族成员共同生产、共同消费，子女是母系氏族的成员，妇女是子女后代天然可靠的尊长，这就自然地形成了妇女在氏族中的重要地位。当时，实行族外群婚，人们只知其母，不知其父，世系只能按母系计算。那时，人们已经掌握磨制和钻孔技术，妇女从事采集，男子从事渔猎，旧石器时代晚期出现的原始农业以及新石器时代早期出现的磨制石器、原始畜牧业、原始制陶业及原始建房技术等在这个时期都得到一定程度的发展，人们已经过着比较稳定的定居生活。婚姻制度逐渐过渡到了对偶婚，成婚后，男子要到女方那里居住，世系和财产继承也按母系计算，但开始出现了父子关系。母系氏族也逐渐为父系氏族所取代。

父系氏族

在母系氏族公社时期，社会生产力发展日渐加速，男子不再以狩猎捕鱼为生，在农业、畜牧业和手工业等主要的生产部门中逐渐占据主导的地位，母权制自然地向父权制过渡。父系氏族公社逐渐形成了。由此，也产生了以父权为中心的个体家庭，氏族组织的主导地位受到冲击。原始社会逐渐趋于解体。男子依靠经济上的优势，在社会生产和生活中占据了统治地位。他们要求世系和财产必须按照男系来计算和继承，母权制的婚姻秩序被打破了，原来对偶婚制下的从妻而居的传统，被一夫一妻制所取代。在一夫一妻制下，妇女退居于从属地位，劳动也局限在家庭之内，以家务劳动和家庭副业为主。最初，同一族成员集中居住在一起，小家庭还依附于父系大家庭。生产进一步发展后，小家庭便有了更多的独立性和自主性，逐渐从大家庭里分离出来。氏族社会走到了瓦解的边缘。

炎帝

在史前的大氏族部落中，有两个非常重要且关系非常密切的部落——炎帝族和黄帝族。据古文献记载，炎帝又称“神农氏”，诞生于厉山，原居西北高原姜水流域，后到达中原地区。原始农业和原始文化为炎帝时代的主要贡献。炎帝开创了农业，从此部落从游牧生活转为农耕定居生活。炎帝遍尝百草，为人医病，是华夏中草药的第一位发现者和利用者。传说炎帝还发明了五弦琴、七弦琴，演八卦为六十四卦。炎帝时代后期，炎帝的姜姓部落曾与黄帝部落在阪泉发生大战。战败后两部落结成联盟，由黄帝亲自率领并指挥与南方九黎族大战于涿鹿，击败并擒杀其首领蚩尤。炎黄两部的结合是中华民族的一件大事，两部结合而成的炎黄部落为中原各族的主干，炎帝和黄帝被后人尊为中原各族的共同祖先，也是中华民族的人文始祖，他们的后人被称为炎黄子孙。

中华民族的祖先——轩辕黄帝

上古时期，在渭水的支流姬水一带，有一个比较先进的部落，黄帝就是这个部落的首领。《史记·五帝本纪》记载，黄帝是少典之子，姓公孙，名轩辕，称轩辕氏，也称有熊氏。后来黄帝部落和炎帝部落在阪泉发生过激战，传说黄帝用驯服的熊罴、貔貅、貙虎等猛兽作前驱，把炎帝部族打败，确立了自己的领导地位。后来又和不服从命令的九黎部族的蚩尤大战于涿鹿。蚩尤善作法术作大雾，将黄帝的军队围困，黄帝的手下有一个叫风后的人，他发明了一个指南车，最后突破了围困。蚩尤又让风伯、雨师兴风作雨，黄帝手下则有一条凶猛的应龙，他有个女儿叫魃，天女魃更能作法，造成大旱，终于克制了蚩尤阵营的风雨。为此魃也付出了巨大的牺牲，再也不能上天。铜头铁臂的蚩尤兄弟七十二人最后都被黄帝杀死在冀州的郊外。

黄帝多才多艺，造兵器，盖房屋，作舟车，把衣服染成五色，更重要的是他善于招揽和使用人才，发挥集体的力量。他手下人才济济，如造文字的仓颉，作天干地支的大挠，作乐器的伶伦等，连黄帝的妻子嫘祖，也发明了养蚕纺织。据说黄帝和岐伯、雷公讨论而成的《黄帝内经》是我国现存最早的中医学经典著作。

最后，黄帝的部族逐渐与炎帝的部族夷族、黎族等逐渐融合发展，形成了今天的华夏族。

仓颉造字

在没有文字之前，古人常用实物记录，结绳和刻契是重要的手段。有关汉字起源没有准确的文献记载，最早的典籍来自周秦，而且大都是传说。在众多传说中，仓颉造字最具有代表性。《吕氏春秋》里说："奚仲作车，仓颉作书，后稷作稼，皋陶作刑，昆吾作陶，夏鲧作城。"《荀子》《韩非子》也有关于仓颉造字的传说。到了秦汉时代，仓颉造字说流传更广，影响更深。《淮南子 · 本经训》有"昔者仓颉作书而天雨粟，鬼夜哭"的传说。东汉的许慎把仓颉造字的传说加以整理，正式写入早期汉字史。据说仓颉是黄帝的史官，因集中使用原始文字，得以对群众自发产生的字符加以规整。在汉字从原始文字过渡到较为规范的文字的过程中，他起了重要作用。可以推断，在汉字起源阶段的晚期，一定会有这样一个人存在。

尧舜禅让

尧生活的时代为父系氏族社会的晚期，尧的父亲是黄帝的曾孙，尧二十岁时，就继承了王位，把首都建在了平阳（今山西省临汾市）。因为他曾先后被封于陶和唐，所以又叫陶唐氏。

尧的伟大功绩一是治水，二是禅让。在尧当政的时期，洪水灾害极为严重，给人民带来很大痛苦。尧先后任命共工、鲧和禹治水，历时六十年之久，终于在尧八十年洪水被禹成功治理。尧善于发现和使用人才，他建立了很有效率的行政机构，是中国政治制度的萌芽。他手下的名臣很多，管民政的舜，管军政的契，管农业的弃，管教育的夔，管司法的皋陶，管森林渔牧的伯益，以及管经济的禹，都是有能力又负责任的人。

尧年老的时候，没有把元首之位传给自己的儿子丹朱，而是召集各部落的首领商议，最后让位给德才兼备的舜，这就是所谓禅让。司马迁在《史记》里说："尧知子丹朱之不肖，不足授天下，于是乃权授舜。授舜，则天下得其利而丹朱病；授丹朱，则天下病而丹朱得其利。尧曰：'终不以天下之病而利一人'，而卒授舜以天下。"对这种天下为公的无私精神，孔子赞叹说："大哉！尧之为君也。"

舜是黄帝的九世孙，他生在姚墟（今山西省永济市北），由于他的先人封于虞，所以舜又叫有虞氏、虞舜。舜很早死了母亲，他的父亲瞽叟又娶了一个女子，继而又生了一个儿子象，他的继母和弟弟象经常折磨陷害他，他的父亲瞽叟也偏爱象，但舜却曲尽孝道任劳任怨，成为中国历史上第一个有名的孝子，为"孝"这种中华文化最基本的价值观树立了典范。

舜在位时用"八恺""八元"，除"四凶"，制"五刑"，并设立了官职，定下了天子巡狩和部落领袖朝觐的制度，标志着氏族社会正在向阶级社会转化。舜娶了尧的两个女儿娥皇和女英为妻子，在民间流传着许多关于他在娥皇和女英协助下战胜继母和象的阴谋诡计的故事，美丽而动听。在舜的治理下，国家政治清明，为后人所乐道，后来舜年纪大了就把王位禅让给禹，自己远行巡狩，最后因劳累死于苍梧之野。娥皇和女英千里奔丧，眼泪落在竹子上，竹子就变成了有斑点的湘妃竹，娥皇、女英最后在湘水里溺死，成了湘水的女神，被当地后人所供奉。而那个曾经陷害舜的象，早已被舜的德行所感化，在舜死后变成了一头大象，在舜的墓田里耕种。

大禹治水

传说在尧舜时代，最大的自然灾害就是洪水。鲧因治水无功被杀后，他的儿子禹继承父业，领导治水。他兢兢业业，天天在外面奔波，整整苦干了十三年，曾三过家门而不入，终于取得了治水事业的成功。

禹治水成功是他辛勤劳动的结果，治水方法得当也是成功的重要原因。禹分析了父亲失败的原因，决定改变方法，不再采用修筑堤坝的办法，而改用修渠疏导的方式，因势利导，让滔滔的洪水往东，流向大海，这样既顺应了水的特性，又避免了以邻为壑。治水的成功为禹带来了巨大的声誉，禹也因此继承了舜的帝位。

夏朝的建立

传说禹被尧封为夏伯。舜在位的时候由于禹治水有功，被各部落的首领一致推举为联盟的首领。舜死后，禹让位给舜的儿子商均，自己躲避到阳城（今河南登封东南）。但是，天下诸侯都到阳城朝拜禹，于是禹只好继承了部落联盟首领的职位。随着社会生产进一步发展，私有制逐渐出现，并且贫富差距也越来越大，部落联盟首领的内部斗争也更加激烈。禹继位后，逐渐培植和扩大自己的势力，也逐渐形成了一人专制的王权，禹就是夏王朝的开国之君。禹立国以后，最初把都城设在阳城，后来又迁到了阳翟（今河南禹州）。公元前 2070 年，夏王朝的建立，标志着我国进入了奴隶社会，夏王朝也成了我国第一个阶级王朝。

夏桀亡国

夏朝最后一个国君叫桀，传说夏桀身材很高大，很有力气。他自负勇武，认为天下无敌，又自比太阳，宠爱妹喜，只知玩乐，终日醉生梦死。同时夏朝与周围各国的矛盾也相当激烈。阶级矛盾日益激化的同时，东方临近的商部落日益强大，见到桀如此无道，其首领汤趁着夏桀众叛亲离、腐败无能之际毅然起兵灭夏。直到商兵杀到京城，夏桀才如梦方醒，慌忙逃向鸣条。公元前 1600 年，商军在鸣条与夏桀展开一场战斗并一举全歼夏军。夏桀多次出逃，最后逃到南巢被汤捉住流放于亳，不久病逝于此，夏朝灭亡。夏从启至桀，共十六王，十三代，大约经历四百七十年。

成汤灭夏

商在汤之前一直是夏的臣属。汤成为部落首领时正值夏朝的最后一个帝王桀荒淫无道，于是乘着夏朝的腐败无能之际，商族开始向外扩展势力，积极进行灭夏的准备工作。商汤善于用人，任用伊尹和仲虺为右相和左相，共谋伐夏。在伊尹的谋划下商汤制定了消灭夏羽翼，逐步削弱其力量，最后取而代之的策略。汤先发兵攻灭葛（今河南宁陵北），接着又大举兴兵，连灭韦、顾和昆吾等夏朝的属国，使夏桀失去了依靠的力量。接着又联合另外一些同盟部落，发动了灭夏的战争。汤起兵后，夏桀率兵迎战，但夏军军心涣散一触即溃。商汤率军追至鸣条（今山西境内），两军再战，结果夏桀的军队再次大败而逃。后来，夏桀逃到南巢（在今安徽巢湖），被汤捉住流放于亳。鸣条大战商汤消灭了夏的主力，于是乘胜追击，很快攻取了夏王朝的核心地区，彻底灭亡了夏朝。此后三千诸侯大会，汤时为诸侯，被推为天子。再三推让，各诸侯皆不从，于是汤即天子之位，建立商王朝，定都于亳。

盘庚迁都

殷商时代，游牧生活早已经结束，稳定的村落和雏形的都市都相继出现，但在面对大的自然灾害之时，人类显得十分渺小无能为力。当遇到大规模的洪水，还是不能自保。所以，在盘庚之前的殷帝，共有四次迁都之举，不断地迁都使每个商帝都伤透了脑筋。

盘庚名旬，性情刚毅，见识卓然。盘庚继位之初，殷都城在奄地（今山东曲阜附近）。盘庚综合多种因素考虑做出大胆决定，要迁都到殷地（今河南安阳小屯村附近）。一次大规模的长途搬迁，自然会遭到臣民的反对。在现存的《尚书》之中，有“盘庚”三篇，说的就是当时搬迁的事情，盘庚软硬兼施，要求臣民迁移。终于成功地把都城迁到了殷地。殷地背靠太行，前临洹水，既利于生存，又便于躲避水患，并且地处中原，也利于统治。加上盘庚本人的才能，终于使殷商的统治从前几代帝王的低迷中走了出来，振兴了商朝。历史记载，“百姓由宁，殷道复兴，诸侯来朝”，盘庚因此被称为中兴贤王。此后，殷地被作为都城一直到灭亡，所以，商朝也称殷朝、殷商。

武丁中兴

盘庚迁殷后，商朝的经济、政治有了很大发展，又历小辛和小乙两代帝王，到武丁时期商王朝的国力发展空前强盛。武丁是一位励精图治的杰出人物。据文献记载，武丁曾久居民间，对百姓的生活和疾苦非常了解。为了改革王朝，他首先大力选拔人才，任用奴隶出身的傅说为相，赋予他极大的权力和极高的地位，要求傅说随时对自己的过失严加规谏。武丁在以傅说为首包括甘盘、祖己在内的朝中大臣的协助下，使商王朝的国力迅速发展。《史记·殷本纪》记载：“武丁修政行德，天下咸欢，殷道复兴。”武丁时期，国力昌盛，不断向外扩展影响。对周边各国、部族的战争，拓展了商朝的版图和势力范围，促进了中原地区与周边部族的经济、文化交流，使商朝成为西起甘肃，东至海滨，北及大漠，南逾江、汉流域，包含众多部族的泱泱大国，版图之大，前所未有，经济文化达到商朝后期的顶峰，这段历史被后人称为“武丁中兴”。

武王伐纣

武丁之后，祖庚即位。他紧遵遗命，勤政爱民，商王朝的强盛局面也持续发展。但是祖庚之后祖甲即位，自此以后的商王均无所作为，沉迷于吃喝玩乐，并且时常滥杀无辜，致使阶级关系日益恶化，阶级矛盾日渐突出。商纣王统治时期，商王朝的腐朽达到极致。纣王为了讨妃子妲己的欢心，大肆修筑宫殿和楼台，建“酒池肉林”。创立炮烙、虿盆等酷刑，杀害忠臣义士，为转移人民的视线，纣王对周边各国发动连年征战，更加重了人民的负担，激化了日益尖锐的阶级矛盾。这时候，商西部的周国在周文王和周武王的领导下逐渐强盛起来，公元前 1046 年。周武王率领周国部队，在各国部队的帮助下讨伐纣王，趁纣王派兵征伐东夷之时进军朝歌。恐慌的商纣王连忙把奴隶临时集合起来，发放武器与周兵对峙于牧野，但奴隶和很多士兵对商纣王的倒行逆施十分痛恨，阵前纷纷倒戈，引领着周武王的军队冲向商都朝歌，纣王见大势已去，便逃进鹿台自焚而死，商朝宣告灭亡。

牧野之战

周文王在称王九年后病亡，太子姬发继位，号周武王。武王掌权之后，以姜太公为“师”，负责军事；以弟弟周公旦为主政，负责政务；以召公和毕公为左右助手，出谋划策，以期继续周文王的事业。同时武王还把都城从文王时的丰迁到了镐（今陕西西安），所做的一切都是为了将来能够推翻商朝。约公元前 1048 年，武王在孟津（今河南孟津）举行了大规模的阅兵仪式，史称“孟津观兵”。为了检验自己的实力，同时考验追随周人的各诸侯国的忠诚程度，据说，参加阅兵的诸侯有八百家之多，都认为“可以讨伐商纣了”，可武王却说“时机还未成熟”。周武王发表了历史上著名的“孟津之誓”，并说明了灭商条件还未成熟的原因，于是又退师而归。公元前 1046 年年初，武王亲率佩甲之士四万五千人，还有敢死队三千人，并与早已跟周人结成联盟的其他封国的军队相配合，东渡孟津，开始了讨伐纣王的战争。武王所到之处，受到诸侯与老百姓的拥护，各地纷纷归附。二月五日，武王的联军在殷都的郊外牧野与纣王的军队摆开了决战之势。因为民心的归向，纣王的军队无心恋战，纷纷倒戈。所以，周军轻而易举便获得了胜利，推翻了商纣。

武王封邦

牧野之战后，周武王进入商都，把商都及周边地区分成卫、鄘、邶三国，把商的旧都封给纣王之子武庚，卫、鄘、邶则分别由武王之弟管叔、蔡叔、霍叔管理，总称“三监”。周武王灭商后，还师西归，在他新迁的都邑镐京（今陕西西安西南）举行盛大典礼，宣告周朝正式建立。周王朝建立后，所面临的政治形势相当严峻，武王以“小邦”之君统治如此大的区域，为了防止诸侯叛乱同时也为了巩固政权，武王决定按功行赏，开始实行以周王室为中心的分封政治制度，姜太公、周公旦、召公等功臣先后受封。周朝建立之初，由于新征服的地域十分广阔，为了更好地统治这些地区，武王决定沿用商朝采用的分封制，把王族、功臣以及先代的贵族分封到各地做诸侯，建立诸侯国。先后分封的有鲁、齐、燕、卫、宋、晋、虢等七十一个诸侯国。

周公旦摄政

大约公元前1043年，周武王因病逝世，传位太子姬诵，即周成王。由于成王年幼，武王的弟弟周公旦摄政称王。

在正统的历史记载中，周公旦是个典型的贤相。本身为皇亲国戚，又手握大权执掌朝政，因此外界流言周公欲篡位，但周公用自己的行动消除了流言，辅佐成王治国，在7年后重新把政权交还给成王。但是，在一些典籍和传说中认为周公如同商朝早年的伊尹一样，企图利用摄政王的地位，逐步取代成王，甚至还列举了他称王的举动。

成 康 之 治

周成王姬诵死后，太子姬钊即位，即周康王。康王享受着上两朝的余泽，维持了国家的基本安定和强盛。即位之初，康王就下发诏书，要求各诸侯要检点他们的行为。除了对南方的征伐和对东方的巡视之外，康王几乎没有过耗费国家财力的重大举措。所以，史家一般认为，正是由于康王遵循的“息民”政策，在位期间达到了“四夷宾服，海内晏然，囹圄空虚，刑罚不用”的程度。这种盛况是前所未有的，因而，公元前1042年—公元前996年间（即成王和康王统治的时期）被后人赞誉称为“成康之治”。“成康之治”的出现标志着中国奴隶社会黄金阶段的开始。

周穆王西征

公元前976年，昭王之子姬满即位，号穆王。周穆王好大喜功，很想恢复西周王朝鼎盛时期的国力，打算向四方发展西周版图。穆王十二年（公元前965），周穆王以游牧民族戎狄不向周朝进贡为由，亲率大军西征犬戎，获其五王，并把戎人迁到太原（今甘肃镇原一带）。公元前961年，乘着征讨犬戎的胜利，穆王继续向西进军，最远到达了青海东部一带。艰苦的千里往返并没有打消穆王对西方乐土的向往。周穆王为什么千里迢迢环游西北，后人说法不一，但从政治的角度看，他似乎是想向这些地区的民族展示一番周朝的力量，使他们不敢轻易反叛；也有的学者认为是想转移当时国内的政治矛盾，以巩固自己的地位。无论出于何种目的，这种无谓的炫耀，使周朝的势力进一步衰落下去。

国人暴动　共和行政

公元前 877 年，周厉王即位。他是西周第十个国王，也是一个著名的暴君。他执政期间，下令将原来国人（平民）可以自由利用的山林川泽收归国有，触犯了社会各阶层的利益，损害了广大平民和下层民众的利益，遭到了王室贵族统治集团的反对，国人对此强烈不满。周厉王遂命卫国神巫监视国人，假托神灵，指控国人“谤王”，进行杀戮。厉王的这种高压统治，终于引发了声势浩大的武装起义。这就是历史上著名的国人暴动。公元前 841 年，国人冲进王宫，把厉王赶到了彘（今山西霍州市）。厉王奔彘后，朝政由周公、召公共管，史称“共和行政”。这一年，历史上称为“共和元年”，这是我国有确切年代记载的开始。国人暴动也成为我国历史上有文字记载的第一次大规模的群众性武装暴动。国人暴动后残暴的厉王统治被推翻了，西周统治摇摇欲坠，灭亡时间大大加速。

烽火戏诸侯

在一些神话传说中，褒姒就是以不祥的妖孽之物出现的，传说是周厉王时期宫中的一个童妾遭到龙的涎沫所化成的玄鼋生成的。在宣王时代流传一个童谣说，这个穿戴妖艳的女子，注定会使周朝亡国的。从她的姓氏上看，褒姒可能是褒国（今陕西汉中）人。褒君把她献入宫中，被幽王看中，得以百般宠爱。

尽管幽王对褒姒宠爱至极，褒姒却从未流露一丝笑颜。为了一睹褒姒难得的笑姿，幽王竟想出了“烽火戏诸侯”的馊主意。此前，周王为了京城安全与诸侯有约，如果外寇侵扰，白天烧柴生烟为号，称作“燧”，夜间举火把为号，称为“烽”，烽和燧置于一连串的烽火台上，绵延传递，诸侯看到烽燧后就发兵来援救。幽王无寇来犯却屡举烽火，诸侯纷纷率兵马来京城勤王，到达后方知空跑一场，诸侯慌乱的情景果然博得褒姒开怀大笑。但后来，西北犬戎入侵京城时，诸侯以为幽王又以他们取乐，愤而不发援兵，最终导致幽王身死国亡。

西周灭亡

公元前 781 年，周宣王死后，姬宫涅即位，是为幽王。幽王执政期间荒淫无道，任用贪财好利善于逢迎的虢石父执政，致使朝政腐败，激起国人怨恨。其在位期间灾难频繁，关中一带发生大地震，加以连年旱灾，使民众饥寒交迫、流离失所，社会动荡不安。政局不稳，生产凋敝，国力衰竭，幽王不思挽救周朝于危亡，奋发图强，反而重用佞臣虢石父，盘剥百姓，激化了阶级矛盾；不久攻西戎大败而回，伐六济也失利，天灾人祸并存，周朝统治内外交困。周幽王却仍旧过着花天酒地的生活，宠幸妃子褒姒，为博美人一笑，“烽火戏诸侯”。公元前 771 年，申侯联合缯国和西方的犬戎攻打幽王，占领国都，并在骊山脚下杀死了周幽王，西周宣告灭亡。次年，幽王之子宜臼为避犬戎，迁都到洛邑，是为周平王，东周开始。

平王东迁

公元前770年，犬戎之乱后周朝首都镐京被破坏得一片狼藉，周平王即位后第一件事就是迁都洛邑（今河南洛阳），因在镐京之东，故史学家称之为东周。东迁不久，周王朝丧失了对各地诸侯的实际号令权，势力范围也局限于以洛邑为中心的方圆不过六百里的区域，实力也降到中等诸侯之下。周王朝政治、军事权威的丧失，标志西周的礼制、法制和文化制度迅速崩溃，诸侯也不再听命于周天子，任意用兵，相互攻伐，中原陷于混战局面，以军事实力争取政治、经济利益成为诸侯争霸的主要目的和手段。同时，由于礼崩乐坏，周王室不再享有独占九鼎、巡狩天下的特权，而诸侯，甚至卿大夫常常超越本分冒用天子礼制，中原地区的政治和文化格局发生了很大变化。

秦国崛起

公元前770年，秦庄公的儿子秦襄公曾护送周平王迁都洛邑，平王念其有功，便封其为诸侯，并将岐山（今陕西岐山县东北）以西之地赐秦，秦国因此迅速崛起。秦人为嬴姓，传说是颛顼的后代。周孝王时，秦人祖先非子因为西周王朝养马有功，被赐封邑在秦，号秦嬴。公元前824年，秦庄公攻破西戎，定居西犬丘，开始建立国家。春秋早期，秦致力于伐戎，收复周故地。公元前766年，秦襄公伐戎至岐身亡，其子秦文公继位，于公元前762年，收复汧水、渭水交汇处的秦故地，并于此定都。秦是西周的故土，继承了西周的正统文化，走在春秋时代文明兴起浪潮的前列。在军事上，秦不断发动对外战争，积极拓展领地。秦的疆域最初主要在今甘肃东南和陕西西部的渭水流域，后逐渐并灭今陕、甘境内的西戎各部，沿渭水东进，逾黄河和崤函之塞，进攻三晋；逾今陕西商洛地区进攻楚；逾今陕西汉中地区，进入巴蜀，并从巴蜀进攻楚。公元前753年，秦开始记事，民众也开始接受教育。公元前746年，三族之罪首先出现在秦的法律中。中国现存最早的刻石文字石鼓文，歌咏了秦国君游猎、战争的情况。从此，秦国不再是僻居于西部一隅之地的小国，一跃而成为可以与中原诸国匹敌的强国。

长勺之战

周庄王十三年（公元前684）年初，齐国和鲁国之间的战争爆发，齐国军队攻到鲁国长勺（今山东曲阜北面）。形势对鲁国十分不利，为了挽救败局，鲁庄公只好临阵督战。当齐军擂鼓进攻之时，庄公马上命令鲁军迎战，但是却遭到了谋士曹刿的劝阻和制止。等到齐军三鼓之后，曹刿才请求庄公下令让鲁军冲锋，结果一举打败士气衰落、精疲力尽的齐军。长勺之战也因以少胜多、以弱胜强而名留青史。

管仲佐政

齐桓公元年（公元前685），雄才大略的齐桓公开始发展其霸业。当初，齐桓公与公子纠争夺王位，鲁国协助公子纠和管仲，并出兵进攻齐国，结果吃了个大败仗，鲁庄公还差点送了命。鲁国只好设法与齐国的新政权修好。齐桓公最信任的大臣鲍叔牙对桓公说：“如果单说治理齐国，我还能胜任，但君主您如果想做天下的霸主，就一定要依靠管仲的才能了。”作为管仲的知己，在鲍叔牙看来，管仲之才能的最可贵之处，是他能够在使君主紧握自己政权的同时，还能调动起民众的力量，达到富国强兵的目的。于是，齐桓公就要求鲁庄公杀死公子纠，将管仲和召忽押送回齐国。公子纠被杀之后，召忽不堪受辱以身殉主，自杀而死。剩下管仲，去见齐桓公。二人见面之后，管仲把自己的富国强兵之道一一说出，齐桓公十分叹服，随即任命管仲为相，辅佐自己开创霸业。管仲首先从齐国经济入手，使人民安居乐业，国家资财丰盈充足；其次加强内政建设，军政合一，以便最有效地集合起全国力量一致对外；另外，管仲还提出了“尊王攘夷”的口号，尊王可以挟天子以令诸侯，而攘夷则顺应了全天下人的期望，管仲便以此为借口征讨四方，最终助齐桓公完成霸业。

管仲属于先秦时期开法家思想之先河的人物之一，并把宽容和惠民的精神融入了他的法家思想。他一方面主张加强国家对民众的管理，另一方面也比较关心人民的经济利益；一方面主张以法治国，另一方面又坚持任用贤才，给各种人才创造发挥其才能的空间。后来的圣人孔子认为管仲是个有上古仁爱之心的政治家。而当孔子弟子质疑管仲的忠君精神时，孔子则更看重管仲建立的历史功勋，即帮助齐桓公建立起的霸王之业。

齐桓公确立霸业

齐国所处地区，临东海，倚泰山，十分富饶。王位传至齐桓公，任用管仲为相，改革内政，发展生产，加强军队战斗力。短短几年之间，齐国国富民强，成为东方诸侯大国。齐桓公又适时提出“尊王攘夷”的口号，召集诸侯会盟，扶危救困，代周王讨伐不服从周朝的诸侯国。公元前651年，齐桓公召集各国诸侯在葵丘会盟。同时也邀请了周王参加，齐桓公的霸主地位得到正式承认，成为春秋首霸。晚年的齐桓公在管仲死后，信用奸佞，怠于政事。不久，齐桓公死，诸子争位，国内政治动荡，齐国的霸业也随他的死亡而衰亡。

秦穆公称霸西戎

秦建国初的五十多年，疆域一直局限于岐西之地。秦穆公好胜图强，刚即位就致力拓展疆土，扩大势力。继位之初，秦穆公首先讨伐了茅津（位于今山西、陕西交界一带）之戎，灭掉梁、葭等小国。同时，秦穆公又助晋惠公返晋得位。中期，秦穆公以武力将陆浑之戎迁至伊州，吞并了其原居地瓜洲一带，使其疆域扩大到黄河以西。自得百里奚、由余等贤臣相助之后，秦穆公更是四处扩张。公元前623年，穆公用大臣由余之计，选送十六名女乐给西戎王，戎王沉溺女乐，国政自衰。秦乘机攻伐西戎，大获全胜，将西戎十二国并入秦土，增加了纵深千里的土地。周襄王得知，派吕公过恭贺穆公，授之以铜鼓，秦国遂得以称霸西戎，秦国也成为了西方大国及西部各民族融合的中心。

楚庄王问鼎中原

楚庄王，于公元前614年即位。他即位后对内改革政治，对外诛平百蛮，国力增强，于是不满足于偏安南方不断进兵中原，并与晋展开了霸主之争。公元前606年，楚庄王伐陆浑之戎，阅兵周疆，周定王派王孙满慰劳楚军，楚庄王趁机向王孙满问九鼎之轻重。九鼎是王权的象征，问鼎之轻重充分暴露了楚庄王称霸中原的野心。这时，中原国家仍以晋实力最强，它西抑秦、东制齐，秦、齐虽渐上升或恢复，仍非晋之强劲对手。当时晋国国君为晋灵公，十分残暴无道，对内残害臣民，对外受赂无信，国内统治不稳定，国外威信也日益下降，这就为楚庄王北上中原提供了有利时机。公元前 606 年夏，楚庄王观兵周疆后，随即移兵攻打晋的盟国郑国，以此来试探晋国，晋未出兵对抗。此后，楚庄王连续北上用兵，声威也日益远播。公元前 597 年，晋楚之战，楚获大胜。公元前 594 年冬，楚国成功主盟了蜀之盟大会。此后，楚庄王成为中原霸主。

孔　子

孔子（公元前 551 年—公元前 479 年）名丘，字仲尼，我国伟大的思想家、教育家，儒家学派的创始人，春秋末期鲁国陬邑（山东曲阜）人。他是没落的宋国贵族的后裔，出任过鲁国的中部宰、司空、司寇等职，后因遭小人暗算而弃职。后率弟子周游列国，晚年归鲁，继续讲学，整理古籍。孔子是中华文化思想的集大成者，创立了儒家学说。他的哲学思想提倡“仁义”“礼乐”“德治教化”，以及“均以民为体”。儒家思想渗入中国人的生活、文化领域中，同时也影响了世界上许多国家和地区。《论语》是儒家重要经典之一，是记录孔子言行及与弟子问答的著作。《论语》体现了儒家的教育社会政治思想及孔子的认识论和方法论。是研究孔子及儒家思想尤其是原始儒家思想的主要资料。孔子晚年，还对我国上古时期的文献进行了一次大规模的整理。现传儒家五经，《诗》《书》《礼》《易》《春秋》都经过孔子的删定或整理，他为我国上古文化的保存做出了重大的贡献。孔子的主张虽不被当时君主所采用，但影响十分深远，更是后来封建社会的思想、道德、政治基础。

专诸刺吴王僚

为使幼弟季札继承王位，吴王诸樊临死立下遗命，王位继承采用兄终弟及的制度。周景王十八年（公元前527），吴王夷末死，应由季札继立，季札坚辞不就，结果夷末的儿子僚即位为王。诸樊的儿子公子光不服，暗中打算夺位。周敬王五年（公元前515），公子光募得勇士专诸以谋刺杀僚。公子光大仁大义，专诸于是将老母亲、弱子托付给公子光，自己冒死去刺杀吴王僚。此年四月，公子光先在地下室埋伏甲士，然后设宴招待吴王。吴王僚让甲士于道路两旁排列，从大门、台阶到里门和坐席上，吴王僚两旁都有手持利刃的士兵守护。端菜的人要在门外先脱光衣服，换穿别的衣服，才能进门。进门后被吴王亲兵用剑顶着跪着进入，剑尖几乎碰到身上。当刺杀行动的一切准备布置好以后，公子光假装有脚病，躲进地下室。专诸把匕首放在鱼肚子里，然后通过了吴王亲兵的搜查，在上菜时抽出匕首猛刺吴王僚。在杀死僚的同时，两旁亲兵的短剑也刺进专诸的胸膛。吴王僚死后，公子光继位，即吴王阖闾。

卧薪尝胆

周敬王二十四年（公元前496），吴越争霸的战斗中吴王阖闾战死，吴国战败。其子夫差即位，发誓要为父报仇。周敬王二十六年（公元前494）春，吴王夫差率军攻越，双方在夫椒（今浙江绍兴北）展开大战，最终以越军战败告终，越军退守会稽山（今浙江绍兴东南）。

越王勾践贿赂吴太宰伯嚭，并向夫差进献美女西施求和。夫差想争霸中原，于是答应与越媾和。勾践立志报仇雪恨，把苦胆挂在室内，吃饭之时一定要先尝苦胆；晚上睡在木柴上，用这种方式时刻警醒自己不忘耻辱，立志报仇。周元王三年（公元前473），经过多年充分准备之后勾践大举攻吴，击败吴军，攻占了吴都，吴王夫差自杀，吴国灭亡。

战国七雄

战国时期，指的是公元前475年到公元前221年这段时期，由于各诸侯国之间的战争接连不断，呈现出天下大乱的形势，因而得名。这一时期，北起长城，南达长江流域，先后出现了齐、楚、燕、韩、赵、魏、秦七个大国。这七个大国为了扩张自己的势力，对内变法改革，以图自强，对外侵略混战，相互兼并。首先是魏国独占中原。后来，魏国逐渐衰弱，齐国和秦国成为东西对峙的两个霸主。公元前298年，齐、韩、魏、赵、中山五国联军攻入函谷关。秦国被迫退还了原先侵夺的韩、魏的一些地方。齐国为当时关东各国的盟主。公元前286年，秦国联合了燕、楚、韩、赵、魏等国共同伐齐，削弱了齐国，开始向东方大发展。秦国先后吞并了赵、魏、韩等国，直到公元前221年秦军攻入燕都，燕国灭亡，秦统一全国的大业基本完成。

三家分晋

春秋后期战国初期，晋国公室（诸侯国君）与私家（卿、大夫之家）之间展开了激烈的斗争。在相互的斗争中，公室宗族的势力逐步衰弱，卿大夫逐渐登上了政治舞台，进而掌握了晋国的军政大权。到了春秋晚期，这些卿大夫都有了自己的政治范围，互相兼并，最终剩下了韩、赵、魏、范氏、中行氏、智氏六家。在后来的相互斗争中，范氏和中行氏也先后失败，其地被瓜分。最后就只留韩、赵、魏、智氏四家。公元前453年，智伯侵占了韩、魏的土地，又胁迫韩、魏联合攻赵，相约灭赵后三分赵地。在智伯将要攻破赵城的时候，赵派人说服韩、魏，三家一起灭了智氏，三分其地。三家分晋的局面基本形成。公元前403年，周天子发布诏令给韩、赵、魏三家，正式承认了三家诸侯国的地位。

商鞅变法

商鞅（约公元前390—公元前338年），生于战国时期，本是卫国人，原名卫鞅。在秦孝公下令求贤时来到秦国。他游说秦孝公，主张实施变法。变法的主要内容有：一、废井田，开阡陌，允许土地买卖。二、重农抑商，奖励耕织。三、统一度量衡，颁布度量衡的标准器。四、奖励军功，废除世卿世禄制，贵族中凡没有立军功的人不得入贵族籍，不得授予军功爵。五、“燔诗书，明法令”，并申明“刑无等级”。六、设什伍连坐法。编户籍，五家为一伍，十家为一什，奖励对“奸”告密，知而不告者处以腰斩，告密则可与斩敌同赏。七、革除戎狄旧俗，禁止父子、兄弟同室居住。变法得到了秦孝公的赞赏，在他的支持下，变法得到了强有力的推行，秦国因此而国富兵强，从而为秦始皇统一中国打下了坚实的基础。

围魏救赵

公元前353年（魏惠王十七年、齐威王四年），魏军和齐军大战于桂陵（今河南长垣），结果魏军大败。

公元前354年，魏国为了救援被赵国攻击的卫国，派大将庞涓率领宋国和卫国军队攻打赵国，并包围了赵国的都城邯郸。眼看邯郸要被魏军攻破，不得已赵国就向齐国求救，齐国任田忌作大将，庞涓的同窗孙膑为军师。

为了解除对邯郸的包围，田忌没有直接攻击邯郸的魏军，而是进逼魏国的都城大梁，并让已经倒戈的宋国和卫国的军队，配合另一部分齐军攻击魏国的襄陵（在今河南睢县），形成对大梁的夹攻之势。其实，这只是孙膑的一个计谋，齐军的本意并不是攻取大梁，而是迫使攻伐赵国的魏军撤兵，并伺机进行攻打。果然，在十月攻陷邯郸之后，魏军只好回救大梁。魏军到了桂陵时，中了孙膑的埋伏。魏军大败。这就是军事史上著名的围魏救赵的桂陵之战。

马陵之战

公元前342年，魏国攻打韩国，韩国向齐国求救，齐成王派田忌、孙膑率军救韩，魏将庞涓、太子申以十万大军迎战。孙膑为避其锋芒采用退军减灶之计诱敌深入，庞涓果然上当，于马陵（今山东范县西南）进入齐军包围圈。齐军万箭齐发，魏兵死伤无数。魏军大败，庞涓拔剑自杀。齐军消灭了魏军主力，俘虏太子申。魏国遭到从未有过的惨败，元气大伤。同年，秦、赵、楚也乘机攻魏，在接连的打击下，魏国开始由强盛走向衰落。

张仪连横说

张仪本是魏国人，早年从师鬼谷子学习兵法，周显王四十一年（公元前 328），张仪被任命为秦国相，开始推行其“连横”策略。张仪首先从韩、魏入手，迫使韩、魏两国太子入秦朝见。秦派公子桑率军攻取魏蒲阳（今山西隰县），然后，张仪又请求秦惠文王将蒲阳交还魏国，还使公子太繇为“质子”到魏国。一打一拉之后，张仪亲赴魏国，劝说魏惠王认清利弊，不可对秦无礼。此时，楚怀王宣称已与秦联合，魏国闻讯十分惊恐，连忙把上郡十五县，包括少梁等地一起献给秦国，并与秦修好言和。一年后，秦将以前所攻取的焦（今河南三门峡西）和曲沃（今河南三门峡西南）两地归还魏国。张仪的“连横”活动获得很大成功，他这种又拉又打的策略使秦、魏、韩形成连横形势，同时齐楚联盟宣告瓦解。张仪还曾率军向东侵伐，使秦完全占有了河西、上郡等地，并在河东占有土地，从而使秦国彻底掌握了黄河两岸，东进的步伐又迈进了一步。

百家争鸣

春秋战国时期是中国历史上很重要的一个时期，是由封建领主制向封建地主制过渡的时期，在此期间新旧阶级、阶层之间的斗争复杂而又激烈。代表各派政治力量的学者或思想家，都从本阶级或本集团利益和要求出发，对宇宙、社会以及万事万物做出解释，或提出主张。他们著书立说，广收门徒，高谈阔论，互相辩难。这样，在思想领域里就出现了一个十分活跃的、后世十分少见的“百家争鸣”的局面。所谓“诸子百家”，并非实指百家，主要有儒家、墨家、道家和法家，其次有阴阳家、杂家、名家、纵横家、兵家、小说家等等。除小说家外，后人把其他九家称为“九流”。“三教九流”的说法就是从这里来的。各家各派的文化思想，奠定了整个封建时代文化的基础，在中国古代文化史上占有重要地位。

苏秦合纵五国攻秦

周赧王二十七年（公元前 288），秦、齐再次联合。十月，秦昭王自称西帝，尊齐湣王为东帝。公元前 287 年初，齐湣王在大臣的劝说下取消帝号，恢复称王，秦仍使用帝号，自居于天下诸侯之上，这种自高自大的行为激起各国不满。这时，苏秦奉燕王之命入齐与赵相李兑发动赵、齐、楚、韩、魏五国合纵攻秦，燕亦派兵从齐军。为了破坏五国合纵，秦设法离间笼络合纵各国。齐连忙派苏秦去游说，最终促成五国合纵攻秦，虽未与秦发生战争，却迫使秦国废除帝号，并归还了原先侵占的魏国和赵国的土地，与五国媾和。深受齐湣王宠信的苏秦表面上效力于齐国，但实际上仍忠心于燕。苏秦采取的策略是劝齐攻宋，以转移齐对燕的注意力，并消耗了齐的国力，为公元前 284 年乐毅破齐奠定了基础。

完璧归赵

据说，有一个楚国人叫卞和，他得到一块璞玉（即未经加工的玉石）。为了让楚王赏识它，卞和先后被砍掉了双脚。为此，这块玉石就以卞和的名字命名了。这一年，秦王得知和氏璧在赵王的手中，就说想用十五座城跟赵王交换。

赵王本不想把和氏璧交给秦王，但慑于秦国的强大，如果不同意，怕引来秦国的强攻，如果同意，又怕换不回十五座城。就在左右为难之际，宦官令缪贤的门客蔺相如，挺身而出，自愿出使秦国，立誓或者要回城池，或者把和氏璧完整无缺地带回来。于是蔺相如奉命出使秦国，见到秦王后，秦王在庭堂上拿着和氏璧，只顾让人传看，根本不提交换城池的事。

于是，蔺相如上前一步说："玉石上有块瑕疵，请允许我指给大王看。"秦王把玉石交给蔺相如后，蔺相如马上高举玉石，对准了石柱子并面现怒色，对秦王说："或者给城，或者还玉。如果大王一定要逼我，我就与玉石同归于尽。"这一举动出乎秦王意料，马上道歉，说希望用城池换玉石。蔺相如一眼便识破了这乃缓兵之计，于是也如法炮制，一面要求秦王斋戒之后再接受玉石，拖延时间，一面命令随从怀揣和氏璧偷跑回国。到了要交和氏璧的日子，蔺相如只身面对秦王，甘愿听从发落。蔺相如的行为既没有使秦王的阴谋得逞，也维护了赵国的利益。

蔺相如出色地完成了使命，回国后，当即被赵王拜为上大夫。

负荆请罪

秦赵渑池大会，蔺相如不辱王命立了大功，回国后赵王就封相如为上卿，官位在将军廉颇之上。对此，廉颇大为不满。他对外宣称："我出生入死、攻城战野立下血汗战功才做了将军，蔺相如出身贫贱，只是凭着会耍嘴皮子就要站在我的上头。如果见了面，我一定要羞辱他一番。”相如听到此话，就常常称病，不去上朝，以免跟廉颇分出官位的上下。如果出门远远望见廉颇，也要引车回避。相如的门客们认为这是一种耻辱，相如则解释说：“就是残暴无比的秦王，我都敢当面叱责他，更何况廉将军？说实话，强秦之所以不敢对赵国用兵，就是因为有我们两个人。如果我们两人的矛盾激化，非要斗个你死我活，对个人和国家都是没有好处的，我们也会成为国家的罪人。”蔺相如的话传到廉颇耳中，廉颇感到惭愧难当。亲自到相如门上，袒露出肩膀，背着荆条，请求相如的责罚。蔺相如宽宏大量，不计前嫌，从此将相和好。

长平之战

公元前 266 年，秦昭王任用范雎为相，范雎提出“远交而近攻”的战略，把斗争重点放在邻近的韩、赵、魏三国。秦昭王甚为欣赏并采纳了他的建议。公元前 262 年，秦王发兵攻打韩国，紧接着秦为了争夺韩国的上党郡而与赵发生了战争。赵将廉颇率领大军驻守长平，秦国派白起率兵攻打，廉颇以逸待劳，坚壁清野，双方在长平对峙了三年，不分胜负。后来秦国使用反间计，故意宣称秦军只畏惧赵奢之子赵括。赵王中计，改用只会纸上谈兵的赵括代替廉颇。赵括一反廉颇的军事策略，易守为攻，全线出击向秦军发动猛烈进攻。白起兵分两路，一路诱敌深入，一路切断赵军后路，实施反包围。赵军因被秦军断绝了粮道而困于长平，不愿坐以待毙的赵括率军突围，结果被乱箭射死，赵军四十万降卒全被活埋。长平之战赵军主力丧失殆尽，从此再没有与秦国抗衡的能力。

毛遂自荐

公元前258年，长平之战结束，赵国无法对抗秦国，秦国为了吞并赵国，再次派出重兵围攻邯郸，邯郸危在旦夕。赵王让平原君到楚国搬救兵，平原君要从门下食客中挑选二十名随行人员，挑来挑去，还差一人。于是有一个叫毛遂的赵国人自荐于平原君面前，平原君说："贤士处世，就如同装在口袋里的锥子，锥尖会自然戳出。先生你在我门下已有三年，从未听说有什么过人之举。"毛遂马上应答说："如果你早把我放在口袋之内而不是扔在口袋外面，我早就脱颖而出了。"平原君于是便带上毛遂一起上路了。果然，平原君与楚王的谈判十分艰难，正处于僵局之时，毛遂按剑上前，质问楚王说，合纵抗秦的利与害，三言两语就能说清，为什么你们说了半天还没有个结果？楚王怒斥毛遂，毛遂则历数近年来楚国所受秦国的欺辱，并说明合纵抗秦，对楚国同样有利。同时，毛遂又勇敢地以武力要挟楚王，说若不同意三步之内则血溅大王，楚王害怕，只好答应合纵抗秦，并最终派出春申君黄歇率师救赵，从此毛遂也为人另眼相看。

窃符救赵

长平之战后，秦国于公元前259年乘胜包围了赵国的都城邯郸，历时两年未能攻下。

毛遂用武力求来的楚国救兵，终究心意不诚，同时也惧怕损害自己国家的利益，也未能解除秦军对邯郸的围攻。此时的邯郸，已被围困三年，开始用人骨生火，易子而食了。平原君的夫人是信陵君的姐姐，不断写信给信陵君，请求魏国出兵相救。在信陵君的请求下，魏王派将军晋鄙率十万大军救邯郸。秦王闻知，马上派人威胁魏王，如果魏国再三援助赵国，秦军攻下邯郸后，立即讨伐魏国。魏王胆怯，命令晋鄙在邺地（在河北临漳）观望待命。信陵君屡次请求魏王不得，就向担任首都大梁城看城门人的隐士侯生求教。侯生设计，信陵君派人斩杀魏王宠姬的杀父仇人，魏王宠姬感恩从魏王卧室中偷出了调动军队的符节。信陵君手持符节来邺地调动军队，将军晋鄙不想服从，被侯生推荐随行的大力士朱亥用重锤击杀晋鄙。信陵君挑选精兵八万，在邯郸城下打败秦军，终于解救了赵国。自知闯下大祸的信陵君也不敢再回魏国，就在赵王及平原君的邀请下留在了赵国。

荆轲刺秦王

公元前227年，秦军压境，燕太子丹为挽救燕国灭亡的命运，募得壮士荆轲去刺杀秦王。荆轲带着秦悬赏捉拿的樊於期的头颅和假意要献给秦国的督亢地图出使秦国，以降秦献礼为名，企图行刺秦王。献图时，荆轲亲手打开地图，荆轲抓起藏在地图里的匕首，意图胁迫秦王。可惜事未成，荆轲反被秦王砍断左腿，后被乱剑杀死。次年，秦大举攻燕，攻占燕都蓟。后五年掳燕王喜，燕国灭亡。秦始皇统一天下后，荆轲的朋友高渐离借击筑之机，扑击始皇，也失败被杀。秦始皇因此“终生不再接近诸侯各国的人”。

秦始皇统一全国

嬴政统一六国以后，为了加强中央专制集权，采取了一系列措施。

他规定最高统治者称皇帝，国家一切大事，都由皇帝一人裁决，主要官吏由皇帝任免。在中央，皇帝以下设丞相、太尉、御史大夫。在地方，秦始皇接受大臣李斯的建议，实行郡县制，把全国划分为三十六郡，郡下设县。统一文字、货币、度量衡。战国时期，各国的文字、货币和度量衡，各不相同，影响各地经济文化交流。秦统一后，为了管理方便，也为了显示国家统一性，把小篆作为全国规范的文字，以后又在民间推行笔画更为简单的隶书。秦始皇还规定，在全国统一使用圆形方孔的秦国铜钱。为发展全国水陆交通，又实行“车同轨”，修建以都城咸阳为中心的驰道、直道。这些措施，有利于巩固秦朝的统一，有利于各地经济文化交流。

蒙恬北伐匈奴

秦尚未统一六国前，北方的游牧民族匈奴逐渐强大起来，并且经常进入内地掠夺百姓的牲畜、财产，使相邻的燕、赵、秦深受其害。尤其是秦灭六国的最后阶段，匈奴趁各诸侯无暇顾及，占领了河套地区的所谓“河南地”。秦王朝建立后，匈奴的威胁日益突出。秦始皇三十二年(公元前215)，秦始皇派大将蒙恬率军三十万大举北伐匈奴，尽取河南地（今黄河河套西北）。第二年，蒙恬又率军越过黄河，夺取了被匈奴控制的高阙（今内蒙古杭锦后旗东北）、阳山（今内蒙古狼山）、北假（今内蒙古河套以北、阴山以南、大青山以西地区）等地。在秦军的打击下，匈奴首领头曼单于放弃河南地及头曼城向北退却。秦王朝收复河套以北、阴山一带地区后，又增设四十四县，重新设置九原郡，在黄河岸上构筑城堡驻守。始皇三十六年（公元前211），秦迁内地人三万户到北河、榆中（今内蒙古自治区伊金霍洛旗以北）

屯垦，以进一步巩固对这一地区的统治。蒙恬北伐匈奴，不仅有力地制止了匈奴奴隶主贵族对中原的抢掠，而且大大促进了这一地区的开发。在长期的劳动和交往中，不少匈奴人南迁中原，逐渐同秦人及其他各族人民共同居住和生产，促进了民族的大融合。

修 建 长 城

秦始皇三十三年（公元前 214），大将蒙恬率三十万大军大举征伐匈奴，经过多次战斗，重创了匈奴，收复河套南北的广大地区，同时在这个地区增设九原郡，下分四十四个县。为了巩固这一地区，秦始皇征发大量民工，将原秦、赵、燕旧时长城，随地形修筑连接，重新加固，修建成举世闻名的万里长城。秦代万里长城西起临洮、东至辽东，对于抵御匈奴的骚扰，保障内地人民生产和生活的安定，起到了极其重要的作用。长城是世界历史上最伟大的建筑之一，也是中华民族悠久文明的象征。

焚 书 坑 儒

秦始皇三十四年（公元前 213），始皇在咸阳大宴群臣，宴席上博士淳于越反对郡县制，提出分封制并企图说服秦始皇遵复古法，恢复西周时期的分封制，以使天下太平。秦始皇将此事交给群臣讨论，丞相李斯认为古代天下动乱，无法一统的根源是存在各种儒门学说，这些学说使人心不一。最终招致诸侯并起，四海分裂，李斯建议秦始皇消灭私学，除《秦记》之外的史书一律烧毁；除秦博士官所藏《诗》、《书》、百家语等书外，都要将书交到所在的郡，由郡守监督烧毁，医药、卜筮、种树的书不在烧毁之列；若要学习法令，必须以官吏为师。秦始皇采纳了李斯建议，下令焚书，一时间，大量文化典籍被付之一炬。公元前212年，秦始皇以方士卢生、侯生诽谤皇帝、妖言惑众为理由，牵连坑杀儒生四百六十多人。这两件事是中国文明史上一大浩劫，史称“焚书坑儒”。秦始皇焚书坑儒，严重摧残了古代文明，而且也开了中国古代封建制度下文化专制的先河。

大泽乡起义

秦二世元年（公元前209）七月，为防匈奴入侵，秦征发九百农户戍守渔阳（今北京密云），陈胜、吴广也在其中，担任屯长。当队伍行至大泽乡（今安徽宿州东南）时，连降数日大雨，道路不通，预计无法按期到达。依照严酷的秦法，失期当斩。陈胜和吴广谋议，觉得逃是死，举大事也是死，同样是死，不如举旗反秦。陈胜、吴广杀死两名押送校尉，提出：“王侯将相宁有种乎？”九百人异口同声，赞成共举大事，于是筑坛为盟，称大楚，陈胜自立为将军，吴广为都尉。起义军首先攻下大泽乡，进而攻占蕲县及附近各县，中国历史上第一次大规模的农民起义就这样爆发了。不久义军攻占了陈县（今河南淮阳），陈胜自立为王，国号“张楚”。随着陈胜、吴广领导的农民起义军在反秦的斗争中不断地壮大，内部的矛盾和弱点也不断暴露出来。陈胜骄傲自大，听信谗言，诛杀故人，日益疏远起义群众，而有些将领为了争权夺利致使义军自相残杀。最后，陈胜、吴广也相继被杀，起义遭受严重挫折，不久，起义失败。此次起义作为中国历史上第一次大规模的农民起义，而永垂青史。

赵 高 专 权

秦二世时，宦官赵高开始专权。赵高指鹿为马，将不顺从自己的人全部杀死，巩固了自己的权力。他又劝秦二世深居禁宫，不必亲自坐朝听政，只需由赵高自己和其他与秦二世亲近之人密商后上奏。秦二世本身就无能，不愿处理政务，所以就对此一一采纳。赵高专权造成了朝政混乱，最终引发了大规模的农民起义。义军所到之处，人民纷纷响应，很快就逼近了咸阳。赵高怕秦二世责难，便派人率兵进入秦二世所住的望夷宫，杀死二世。后赵高又立二世之侄子婴为帝，意欲继续擅权，子婴对赵高的意图十分明了，于是先下手为强，将赵高骗入自己宫中，设伏兵杀死。

巨 鹿 之 战

秦二世二年（公元前 208），秦将章邯镇压了陈胜、吴广起义，继而又进入楚地，消灭了当地反秦武装，杀项梁，破邯郸，与此同时秦将王离率二十万人将赵王歇和张耳围困在巨鹿。章邯率军二十万屯于巨鹿南数里的棘原，供王离军粮秣。赵将陈馀率军数万屯于巨鹿北，因兵少不敢往救。楚怀王派宋义为上将军，项羽、范增为将，率主力五万救赵，同时派刘邦西进攻秦。宋义行军至安阳，驻扎四十六日而不进兵，意让秦赵争斗而收渔人之利。项羽愤杀宋义。率领全部楚军渡河后，下令全军破釜沉舟，每人只携带三日口粮，以示决一死战之心。楚军以一当十，奋勇死战，九战九捷，大败章邯军，齐、燕等各路援军亦冲出营垒助战，最终俘王离，杀其副将，解巨鹿之围。自此，各路反秦将领皆服项羽。

走投无路的章邯只好率军二十万请降，秦军主力遂告覆灭。巨鹿之战意义重大，使腐朽的秦王朝受到了致命的打击，加速了它的灭亡。

秦朝灭亡

秦二世二年（公元前 208）闰九月，沛公刘邦奉楚怀王之命，从彭城出兵西入函谷关（今河南灵宝东南），向秦国发起攻击。十月，刘邦率军攻下成武，十二月领兵抵达栗（今河南夏邑）。第二年，刘邦听从郦食其的计谋，避开秦兵的锋芒，首先攻取了交通要道陈留（今河南开封东南），获得大批军粮。三月攻克白马，四月进占颍川（今河南禹州）。张良率军在此地与刘邦合兵，刘邦留下韩王成守阳翟，自己与张良一同南进。七月，刘邦又得南阳（今河南南阳）。一路上，由于秦军主力被项羽所钳制，刘邦势力日益壮大，在西进途中所向无敌，先后攻下丹水（今河南淅川西）、胡阳（今河南唐河湖阳镇）及析县（今河南西峡）等地。八月，刘邦率数万大军攻克武关（今陕西商南南），屠城后继续挥师北上，直逼咸阳。依照张良的计谋，义军在山上大量安插旗帜设疑兵之计，虚张声势。一面派郦食其与陆贾劝秦将投降，另一方面，刘邦带兵绕过峣关，翻越蒉山，突然袭击蓝田（今陕西蓝田西），大破南北两面的秦军，于是据守峣关的秦军全部瓦解。公元前 206 年，沛公刘邦进驻霸上（今陕西西安东南），秦王子婴杀死赵高后向刘邦投降，刘邦进驻咸阳，秦朝灭亡。

刘邦约法三章

汉元年（公元前 206）十月，刘邦率军由蓝田（今陕西蓝田西）

向咸阳进军，不久驻军霸上（今陕西西安东南）。秦王子婴封好秦皇帝的玺、符、节等，乘素车、白马，以印绶系颈，在轵道（今陕西西安东）旁向刘邦投降，至此，秦朝灭亡。随后，刘邦向西进入咸阳，在诸将争先进入金帛财物府库分占财物时，萧何一人首先进入秦丞相府，收缴了图籍、文书、律令，并妥为保藏。这些文献记载了全国山川险要、郡县户口、民情疾苦等社会情况，萧何掌握了这些资料，为此后平定天下奠定了战略基础。由于实力远逊于项羽，刘邦听从樊哙、张良建议，撤军回霸上。刘邦在霸上召集各县父老豪杰开会时宣布：父老乡亲遭受秦朝苛法残害已经很久了。我曾经和诸侯订立盟约，率先进入函谷关（今河南灵宝东南）的人就封为关中的统治者，因此理当由我统治关中。现在与各位父老约法三章，即“杀人者死，伤人及盗抵罪”。其余秦朝苛法一律废除，于是秦地百姓非常高兴，刘邦也因此奠定了民众基础。

鸿门宴

当初，楚怀王与诸侯相约，谁先进入关中就封谁为王，刘邦所率军队因所受阻力较小，于公元前 206 年率先破关入秦，项羽遇到了秦的主力部队，在巨鹿展开激战并打败秦军后，引军入关。行至函谷关时，有刘邦军队把守，项羽的军队不能入关。项羽大怒，攻破函谷关，四十万大军屯兵鸿门（今陕西临潼东）。而当时刘邦只有十万人，驻军霸上。谋士范增劝说项羽立即进攻刘邦，项羽叔父项伯因曾受恩于张良而连夜将情况告诉刘邦，刘邦让项伯从中调解。第二天，刘邦亲赴鸿门，项羽设宴。刘邦向项羽请罪，卑辞言好，以缓项羽怒气。席间，范增多次示意项羽杀掉刘邦，并让项庄舞剑以击杀刘邦。就在千钧一发之际，樊哙带剑拥盾闯入帐中，指责项羽“欲诛有功之人”。后刘邦借口如厕至小道返霸上。随后，项羽入咸阳杀子婴，自称“西楚霸王”，还都彭城（今江苏徐州），将各诸侯分封到各地为王，又将关中分成三部分，赐给三名秦朝降将。

背水一战

汉二年（公元前205）五月始，刘邦拜韩信为帅，率兵东进魏、代、赵、燕等国。汉三年（前204）十月，韩信率军数万越过太行山，向东攻击赵地。当时，赵王歇与赵军统帅成安君陈馀率领二十万重兵屯结在井陉口（今河北井陉），欲与韩信决战。韩信认为“置之死地而后生”，于是采用背水列阵战术，率兵离井陉口三十里地驻扎。天明，韩信竖大将旗，大张旗鼓向井陉口攻击。赵军一看，立刻开营门迎战。长时间激战后，汉军假装战败，向水上逃跑。赵军见汉军背水而立，后无退路，于是倾巢出动猛攻汉军，企图一举消灭韩信。此时，先行埋伏在赵营附近的两千汉军轻骑立即驰入赵营，将赵旗全数拔去并竖起汉帜。赵军久战不下，突然发现赵营上空汉帜招展，军心大乱。韩信指挥汉军趁势夹击，大破赵军。陈馀想从水上逃跑，结果被汉军所杀，赵王歇则成了汉军的俘虏。

楚汉划鸿沟为界

汉四年（公元前203），在广武（今河南荥阳东北），刘邦与项羽各集重兵相持不下。刘邦列数项羽十条罪状：“羽负约，王我于汉，罪一；矫杀卿子冠军，罪二；救赵不报，而擅劫诸侯入关，罪三；烧秦宫室，掘始皇帝冢，罪四；杀秦降王子婴，罪五；诈坑秦子弟新安二十万，罪六；王储将善地，而徙逐故主，罪七；出逐义帝，自都彭城，罪八；使人阴杀义帝江南，罪九；为政不平，主约不信，大逆无道，罪十。”楚汉两军在广武相持已达三月，项羽眼见军中粮草耗尽，于是被迫与刘邦订立和约：楚汉以鸿沟（今荥阳东南）为界，中分天下，鸿沟以西属汉，以东属楚，并遵照和约，项羽送还刘太公、吕雉等刘邦家人，率军返归原地，刘邦则在张良建议下继续追击饥饿疲惫的楚军。

项羽自刎乌江

楚汉订下和约，双方以鸿沟为界。东属楚，西属汉，双方各不侵犯，项羽履约，率兵东归。而刘邦则采纳张良、陈平建议，乘势追击疲惫的楚军。汉高祖五年（公元前 202）十二月，韩信率三十万汉军和诸侯联军，将项羽的十万军队紧紧包围在垓下（今安徽灵璧东南）。到了夜间，张良令围城的汉军都唱起楚歌。项羽听见四面楚歌，以为汉军已经全部占领了楚地，于是陷入绝望，帐中只有爱姬虞姬在场，项羽慷慨悲歌：“力拔山兮气盖世，时不利兮骓不逝！骓不逝兮可奈何，虞兮虞兮奈若何！”高歌数遍，虞姬唱和，随后自杀。项羽乘乌骓马率八百精骑趁夜突围南逃。天明，韩信命令灌婴率五千骑兵追赶。项羽渡淮河，跟从者仅百余人，逃到阴陵（今安徽和县北）时因为迷失道路，陷入沼泽中，被汉军追上。项羽又率兵突围向东逃到东城（今安徽定远东南），这时身边仅剩二十八名骑兵，最后项羽退到乌江（今安徽和县东北）。当时乌江亭长已备好渡船，准备把项羽接回江东，但项羽认为自己当初数万大军出征，而如今仅剩十余人，感到自己无颜见江东父老，在斩杀汉军追兵数百人后，举剑自刎，年仅三十一岁。

刘邦称帝

汉高祖五年（公元前202）正月，诸侯上书，秦已灭亡，国不可无君，请尊汉王刘邦为皇帝。二月，早有此意的刘邦假意推让之后，在汜水（今山东曹县）即皇帝之位。

项羽乌江自刎之后，企图恢复周朝封建制的六国旧贵族势力也随之全面崩溃，以刘邦为代表的中下层地方势力，最终取得了全面胜利。刘邦得天下，决非偶然。一次，他在洛阳南宫大宴群臣说："运筹帷幄之中，决胜千里之外，我不如张良；管理国家，供应军需，我不如萧何；率领千万将士，百战百胜，我不如韩信。但是，这三个杰出人才，我能任用得当，就得了天下；项羽仅有一个范增，却不能任用，最终败在我手下。"善于用人，正是刘邦成功的主要原因，项羽的部将季布及其同母弟丁公，在楚汉之争中都曾追杀过刘邦。刘邦称帝之后，不仅赦免了季布还授职为郎中，相反丁公却被斩杀。原因是，在当初，季布忠于项羽，对刘邦毫不留情，而丁公却曾放过刘邦一马。显然，刘邦的用人之道和对忠臣的理解跟张良一样受法家思想影响很深。

刘邦称帝之后，马上采取了一些稳定民心的政策。江山基本稳定之后，刘邦开始裁减兵员，以使更多的劳力进行农业生产。具体政策是，退伍还家的人，拥有原来的财产；有七等爵位以上的官员，食一邑；以下的则免去徭役及户赋。刘邦又下令减轻田租，十五税一，即农夫把自己收成的十五分之一上缴国家。这就减轻了普通人的负担。之后他又确定了新币制，稳定国家的金融秩序，所有政策的实施，不仅促进了社会发展，更巩固了新兴的刘汉政权。

韩信之死

楚汉战争结束后，刘邦改封韩信为楚王。汉高祖六年（公元前201）十月，刘邦再次采用陈平计谋，诱捕韩信。十二月，将韩信贬为淮阴侯。韩信郁郁不得志，称病不参加朝廷活动。汉高祖十年（公元前197）九月，刘邦宠臣陈豨反叛，自立为赵王，刘邦用羽檄征召天下兵士，并亲自率兵征讨陈豨。韩信一向与陈豨交情不错，于是称病在家，不听从刘邦诏令，并暗地里派人去和陈豨联络，并谋划准备与家臣乘夜伪称诏令，大赦诸官罪犯和奴役，里应外合发兵袭击吕后和太子。当时，韩信的一个部下得罪了韩信，韩信借故杀了他。这个部下的弟弟怀恨在心，并知道韩信的谋反计划，于是向吕后告发了韩信。吕后想召韩信，又担心他的党羽作乱，便与丞相萧何商讨计策，骗韩信进长乐宫议事，并趁机将其逮捕并斩杀，还灭其三族。韩信最初是被萧何推荐给刘邦的，现在又是萧何将其骗入宫中杀害，这正是后人所说“成也萧何，败也萧何”。

萧规曹随

公元前193年夏天，相国萧何病重，汉惠帝亲自来慰问，并请教萧何谁可做他的继承人。于是萧何向惠帝推荐了曹参。曹参与萧何同为汉朝的元老，早在刘邦在沛县起事时就追随左右，立下许多功勋。汉朝初年，盛行黄老思想，曹参任齐王刘肥的相国时，是黄老思想的崇尚者，主张以自然无为治理国政，不要随意加重普通劳动者的经济负担。曹参与萧何本来关系不错，但做了将相之后，多少有些矛盾。

不过，在治理国政上，曹参有足够的自知之明，自以为无法超过萧何。汉初法律制度等均为萧何制定，曹参担任相国后，对这些成规曹参无一变更，以至于有所谓“萧规曹随”的说法。这对汉朝初年的政治来说，起到稳定和发展的作用，是有积极意义的。

文景之治

公元前179年—公元前141年，是汉文帝、景帝统治时期，由于文帝、景帝继续推行休养生息政策，所以社会进入一个非常稳定时期。文帝十分重视农业，多次告诫百官守令要劝课农桑。汉文帝十三年（公元前167），为了进一步减轻人民负担，朝廷下令免除田租，直到汉景帝即位，再次恢复征收田租，但规定只为三十税一，即原来的一半，从此成为汉朝的定制。汉文帝还把丁男徭役减为三十年征发一次，算赋也由每年一百二十钱减为四十钱。秦时规定，男子十七岁傅籍给公家徭役，景帝时减为二十岁始傅。这些重农的政策，促进了自耕农阶层的发展和农业的兴盛。秦代以来，刑法十分严苛，汉文帝也为此做了重大改革，废除了残酷的肉刑，景帝又减轻了笞刑。文景两帝共在位近四十年，期间政治稳定，经济生产显著发展，是封建社会中难得的盛世，史称“文景之治”。

汉武帝独尊儒术

建元五年（公元前136），董仲舒建议崇尚儒家哲学，并将其作为至高的统治思想，并用此作为衡量文化思想的唯一尺度。汉武帝采纳了董仲舒的建议，独尊儒术。从此，儒术从私家学者的书斋走进了汉朝的最高学府——太学。汉代的太学设五经博士，以家法教授。《诗》《书》《易》《礼》《春秋》五种儒家学说被尊为经。此后，历代统治者都把“五经”作为教育中心，作为选拔人才考试升职的主要内容。元朔五年（公元前124），经丞相公孙弘再次奏请，为五经博士置弟子员。这也就是说儒经与仕途结合起来，国家设太学养士，以经术取士。儒家学说自从得到政府倡导以后，获得广泛的传播，经学大师接踵辈出，也出现了如董仲舒、公孙弘、孔安国、刘向、许慎等许多经学大师。

张骞通西域

西汉初年，匈奴的势力已经发展到了西域，并用武力征服了这里的大小国家。大月氏为躲避匈奴的侵扰西迁至妫水流域，并打算报复匈奴，汉武帝听说后，在建元三年（公元前138），派遣张骞率领一百余人出陇西，向西域出发寻找大月氏国。张骞在西行途中被匈奴抓住，扣留了十多年，后来他借匈奴出征之际逃脱，两越葱岭，经大宛、康居到达大月氏，在大月氏居住了一年多，回国途中经过羌中时，又被匈奴扣留了一年多。元朔三年（公元前126），张骞同胡妻及仆从甘父回到长安。此次出使，张骞不仅获得了大量的前所未闻的西域资料，还传播了汉朝的声威。元狩四年（公元前119），张骞率三百名随从，携带牛羊币帛无数，再度出使西域，同西域各个国家建立了友好的关系。从此，汉与西域各国之间的交流日益频繁，天山南北地区与中原地区联为一体。

飞将军李广

李广，陇西成纪人，善射，其先人为秦国名将李信。汉文帝时，北方匈奴为患，李广以“良家子”身份从军抗击匈奴，因为善长骑射，被文帝选为郎官。景帝时，被提升为骑郎将，曾随周亚夫平定七国之乱。此后，在北部抗击匈奴的战争中，李广屡有战功。武帝时，被封为未央宫卫尉，后出任右北平太守等职。

公元前 144 年，李广为上郡太守，曾率百骑出巡，与匈奴数千骑相遇。手下见对方人多势众非常害怕，打算逃跑。李广认为，如果逃跑，匈奴人一定会追上并杀死我们。不如留下来，装作若无其事的样子，匈奴会以为我们是大军的前哨部队，是想引诱他们上钩，反而不敢击杀我们。结果，李广等人在非常靠近匈奴人的地方解鞍休息，匈奴派人前来试探，被李广射杀。最后匈奴终于退去，李广也安然返回大营。

公元前 129 年，在上谷之战中，李广被匈奴打败并被俘获，匈奴用绳索将他绑在两马之间。李广佯装死去，乘匈奴兵不备之时突然跃上匈奴兵马背，夺其弓箭，鞭马南驰，终于得以逃脱。因为此次兵败，李广被判死刑，后以钱赎为庶人。第二年，匈奴再次入侵，汉武帝在大臣的劝说下重新启用李广，担任右北平太守，匈奴称之为“汉之飞将军”，多年不敢入侵右北平。

李广虽然在战斗中表现出了杰出的军事才能，却没有做过最高统帅。公元前 133 年，他参与“马邑之谋”，并多次随卫青、霍去病出征匈奴。论资历和战功，李广并不弱于卫青和霍去病，但武帝的用人政策，一个人可以无功，也不可以有过，因此李广始终未得重用。

公元前 119 年，汉朝与匈奴在漠北展开大战，李广因为迷路，没能及时与卫青大军会合，卫青大怒并命长史追究，李广愤而自杀。李广平日善于抚恤士卒，在普通士兵中很有威望，所以，李广死后，全军将士失声痛哭。

卫青、霍去病抗击匈奴

卫青（?—公元前 106），字仲卿，河东平阳（在山西临汾）人，本是武帝姐平阳公主的家奴，后投身武帝对匈奴的战争。开始时，卫青仅为中下级军官，后因屡立战功，最后官至大将军，封长平侯。卫青一生共七次出征匈奴，公元前 129 年，上谷之战中，武帝派出四路大军打击匈奴，卫青率领的一路是唯一获胜的队伍，因而受到赏识。公元前 127 年，在河南之战中，卫青等再次击败匈奴，占取河南（在黄河河套西部北）地区。公元前 124 年，卫青任大将军，节制诸将，深入匈奴腹地七百余里打击匈奴。从此之后，卫青几乎年年率军出战。公元前 123 年，卫青统帅六员大将出击匈奴，这六员大将之中，独有担任嫖姚校尉的霍去病立了战功，他率轻勇骑八百人，斩杀了匈奴相国，俘获两千余人，武帝大喜，封之为冠军侯。公元前 121 年，霍去病担任骠骑将军，率万骑出陇西，历经五个匈奴王国，转战六日，行千余里，杀匈奴二小王，俘浑邪王子及相国等，俘斩八九千人；同年夏天，再次率李广等三将军出征，斩首三万余，俘获小王七十余人。在漠北之战后，武帝为表彰其战功，要建造宅第，以示奖掖，霍去病却上书对武帝说：“匈奴未灭，何以家为！”无奈英雄早逝，霍去病死时，仅二十多岁。

苏武牧羊

汉朝与匈奴之间连年战争，给双方都带来了很大的损失。公元前 101 年，新继位的单于想与汉朝通好，派出使者，把历年来拘押起来的不愿投降的汉朝使者送归。为表示诚意，同年武帝派出中郎将苏武、副中郎将张胜等，送还被汉羁留的匈奴使者作为回报。苏武等人到达匈奴，已经投降匈奴的汉人虞常等秘密地会见了张胜并谋划把单于的母亲阏氏劫到汉朝。不料密谋败露，单于就把苏武召来，打算劝他投靠匈奴。苏武表示，既然不能完成使命，即使活下来，又有何颜面归汉。于是就要拔刀自尽，被人救下。单于软硬兼施，不能奏效，就把苏武幽禁在一大窖中，断其饮食。苏武吞毡饮雪，竟连续十余日仍旧活着，匈奴以之为神，又把他流放到匈奴最北边的无人之处，北海之上，让他放牧雄羊。匈奴告诉苏武，若想回家，除非等到雄羊生子。

苏武独自在北海之上与羊为伴，没有饮食，就挖取鼠穴中的老鼠食充饥。在最艰苦时刻，苏武仍坚持使臣身份持节牧羊，起卧操持，以至节旄尽落。其间，单于曾派李陵到北海来，劝苏武投降，苏武誓死不从。到了公元前 81 年，又有新单于继位，内政混乱，又害怕汉朝派兵来袭击，决定与汉朝和亲，这才将苏武等人送归汉朝。回到京师后，汉昭帝任命他为典属国，负责少数民族事务。苏武羁留匈奴地区十九年，出使时是中年之人，回归时则须发尽白。苏武牧羊的故事一直被后人所传颂。

司马迁撰修《史记》

司马迁的父亲司马谈，汉武帝时期任太史令，博学多闻。在父亲影响下，司马迁利用优越的条件自幼学习古文，拜董仲舒为师习《春秋》，从孔安国习《尚书》。二十岁时，开始游历，足迹遍及江淮流域和中原地区，考察风俗，采集传说。汉武帝元封三年（公元前108），司马谈去世，司马迁继承其职位，太初元年（公元前104）奉命参与制定《太初历》，同年，开始撰写《史记》，历十年艰辛，终于成书。《史记》是中国历史上第一部纪传体通史，记载了上自上古传说中的黄帝时代，下至汉武帝元狩元年（公元前122），共三千多年的历史。全书包括十二本纪、三十世家、七十列传、十表、八书，共一百三十篇，约五十二万字。全面地叙述了我国上古至汉初三千年来的政治、经济、文化多方面的历史发展，是我国古代历史的伟大总结。《史记》对后世史学和文学的发展都产生了深远影响。其首创的纪传体编史方法为后来历代“正史”所传承。同时，《史记》还是一部优秀的文学著作，在中国文学史上有重要地位，被鲁迅誉为“史家之绝唱，无韵之离骚”。

丝 绸 之 路

公元前138年和公元前119年，汉武帝两次派遣张骞出使西域，从此也开辟了中国与欧亚各国的陆地交通线。当时，张骞从长安经甘肃凉州武威抵达西陲城市敦煌，从敦煌出发通往欧亚各国的商路有两条：一条沿昆仑山北麓经今新疆境内翻越葱岭（今帕米尔高原）南部，经大月氏（今阿富汗境内）、安息（今伊朗）诸国再抵达地中海，或南行至身毒（今印度），此为南道；一条沿天山南麓西行经今新疆境内翻越葱岭北部经大宛（今费尔干纳盆地）、康居（今撒马尔罕附近）、奄蔡（临今里海）诸国，再西行抵达大秦（罗马），此为北道。北道和南道都在高山、沙漠之间蜿蜒伸展，使节和商队往来其间，主要货物是丝织品、宝石、香料等。这条陆路横贯亚欧，连接中西，又因运销中国的丝织品以及丝绸而闻名于世界，因此被中外历史学家称为丝绸之路。

昭宣中兴

汉昭帝即位后，实行养民政策，多次下诏颁布轻徭薄赋、与民休息的政令。始元六年（公元前81），昭帝召开了著名的盐铁会议，对汉武帝时期的内外政策进行全面检讨，并采取了新的措施。公元前74年，昭帝死，宣帝即位，继续推行休养生息政策，任用贤吏，在此期间，呼韩邪单于归顺汉朝，促进了汉与匈奴友好关系的发展。昭帝、宣帝在位时期，政治稳定，经济快速发展，威名远扬四夷，再现武帝时期的盛世局面，后世史家称之为“昭宣中兴”。

外戚王氏专权

河平二年（公元前27）六月，汉成帝同时封王谭、王商、王立、王根、王逢五人为侯，时人称之为“一门五侯”。这一事件标志着西汉外戚专权的抬头。外戚王氏家族得势，源于汉元帝时期。汉元帝的嫔妃王政君因生太子刘骜（即汉成帝），元帝封其为皇后，其父王禁被封为阳平侯，王禁之弟王弘被封为长乐卫尉。王禁死后，其长子王凤继承爵位，官拜卫尉侍中。汉成帝继位后，尊王政君为皇太后，任命王凤为大司马大将军，任命王政君同母弟王崇为安平侯，封王凤庶弟王谭等五人为关内侯。自此，王氏家族把握了朝廷军政大权。王凤秉权专势，威震朝廷，郡国太守、丞相、刺史等各级官员都出于他的门下。王凤死后，王音继为大司马大将军。五侯相继死后，其爵位全部被其子所继承，王氏亲属封侯者已近十人。永始元年（公元前16），王政君又封侄子王莽为新都侯，这为后来的王莽篡汉创造了条件。

王莽改制

西汉末年，汉平帝即位执掌朝政，王莽任大司马，大权在握，他野心勃勃，虎视皇位，极力收买民心、网罗党羽，以图将来夺取政权。平帝死，孺子婴即位，王莽继续辅政，自称摄皇帝。8年，王莽废除孺子婴，自立为帝，改国号为新。王莽篡位的行为激起许多朝臣的不满并激化了社会矛盾，为了解决这些问题，王莽以托古为名进行改革。9年，王莽下诏，历数土地兼并的弊端，下令天下的土地一律改称王田，天下奴婢，一律改为私属，都不许买卖；各家土地超出规定的，要把地分给九族或邻里；无田的人家按照一夫百亩的标准受田；违抗不遵者流放。第二年，王莽又下诏实行五均六筦，在全国的大都市设立五均官，目的为管理市场，盐、铁、酒、铸钱、五均赊贷等五业由国家经营，不许私人经营。政治制度方面，王莽也大加变更。王莽的改制，并没有解决西汉末年的社会危机，反而加剧了社会动荡。

绿林赤眉起义

王莽天凤四年（17），荆州一带发生严重饥荒，新市人王匡、王凤聚众起义，他们活动于绿林山中，因而被称为“绿林军”。短短几个月，绿林军就发展到七八千人。当时人心思汉，绿林军就在宛城南面的淯水上拥立刘玄为皇帝，恢复汉的国号，年号“更始”。更始三年（25），刘秀即皇帝位，改元建武，东汉开始。绿林起义的第二年（18），琅　人樊崇率众在莒县起义。樊崇作战勇猛，青、徐各地的起义部队都归顺于他。参加这支起义军的都是为饥饿所迫的农民。为了在作战时与敌人相区别，他们就把眉毛涂红，所以称作“赤眉军”。赤眉军多方转战，向西曾攻打到长安，建武三年（27）春，起义宣告失败。这两次农民起义沉重打击了封建统治，最终推翻了王莽政权，催生了东汉王朝。

昆阳之战

更始元年（23），绿林起义军已发展到十多万人，直接冲击了王莽新政权的统治。王莽对此惊恐万分，他立刻从各州郡调集了四十二万精兵，由大司马王寻、大司空王邑率领，妄图一举歼灭起义军。同年五月，王莽军把昆阳城包围起来。城内起义军仅八九千人，但义军首领王凤、王常毫不畏缩，一面率众坚守阵地，一面派刘秀出城到定陵、郾城搬来了救兵。刘秀设计制造了攻克宛城的假捷报，并故意将一些战报丢失，以打击王莽军的士气。刘秀抓住战机，进行决战，王莽军全线崩溃，伏尸百余里。这时又逢狂风大作，暴雨如注，逃窜的莽军赴水溺死者有万余人。起义军大获全胜，所获战利品不可胜数。昆阳之战是中国历史上一次重要战役，它从根本上摧毁了王莽的主力，对推翻王莽的统治起到了决定性作用。

刘秀称帝

西汉末年，王莽篡位，朝政混乱，引发了绿林、赤眉起义，之后，又有许多地方地主武装参与了反对王莽的斗争，其中以加入绿林军的刘秀势力最强。昆阳之战后，刘秀到河北谋求发展，镇压当地的农民军，吞并了北方各地的豪强武装，逐渐强大起来。25年六月，刘秀在河北鄗（今河北柏乡）即帝位，即光武帝。他沿用汉为国号，定都洛阳，史称东汉。东汉政权建立以后，当时在全国各地的武装割据势力依然存在。27年，刘秀杀死赤眉军首领樊崇，赤眉军宣告灭亡。随后，他又陆续消灭了其他武装势力。自此，东汉政权才真正统一了全国。为了巩固政权，光武帝在位期间进行了一系列改革。多次下令释放奴婢，限制豪强霸占土地，减轻赋税，免除部分县的徭役，兴修水利。对各级官吏实行考察黜陟，罢免贪官，改任良吏，精减官员，裁并四百余县。在中央则加强尚书职权，在地方废除掌握军权的都尉，以加强中央集权的政治体制。因此，战乱后的社会经济得到了一定程度的恢复，人民的生活也逐渐安定下来，史称“光武中兴”。

班超再通西域

永平十六年（73），班超跟随大将军窦固出击匈奴。随后，班超又奉窦固之命去联络西域各国君主亲汉而抵制匈奴。奉命后，班超仅率壮士三十六人慨然出行。当时鄯善王在亲汉还是亲匈奴问题上犹豫不决，在接待汉使的同时也接待匈奴使者。班超当机立断率随从三十六人夜袭匈奴使者，使鄯善王下定决心依附汉朝。于阗是亲匈奴的一个小国家，班超出使到这个国家时，于阗王听信巫师的煽动，要用班超的马祀神。班超假意答应，待巫师来取马时，杀掉巫师，并向于阗王晓以利害，最终劝服了于阗杀掉匈奴使者而投降了汉朝。疏勒王国本是亲汉的，但龟兹在匈奴人支持下杀掉疏勒王，立龟兹人兜题为疏勒王。班超派勇士田虑劫缚兜题，立疏勒故王兄子忠为疏勒王，解除了龟兹对疏勒的压迫。班超以自己的政治谋略，使疏勒、鄯善、于阗归附，东汉政府重新在西域设置都护和戊己校尉，使汉与西域复通，这是东汉同匈奴斗争的巨大胜利。

汉朝击破北匈奴

和帝永元元年（89），车骑将军窦宪率兵北击匈奴，兵出鸡鹿塞，会合南匈奴，在稽落山大破北匈奴，出塞三千余里，至燕然山（今蒙古国杭爱山）。随窦宪出征的班固，作《燕然山铭》，刻石记功而还。永元三年（91），窦宪又派右校尉耿夔、司马任尚出居延塞，将北匈奴围困于金微山（今阿尔泰山）。这次汉军出塞五千余里，彻底击溃了北匈奴。从此以后，北匈奴部分降汉，部分归附鲜卑，余部离开中国边境走上了遥远的西迁路程。北匈奴的西迁，在世界史上是一件大事，它引起了古代世界的大变化，影响了欧洲和世界历史的发展。

宦官专权

在汉章帝、汉和帝时代，外戚窦氏的势力迅速膨胀。建初八年（83），窦宪为侍中、虎贲中郎将，窦宪的弟弟窦笃为黄门侍郎，兄弟二人骄横宫中，窦宪竟敢以低价强买汉明帝女儿沁水公主的园田，连公主也不敢与之计较。88 年，和帝即位，窦太后临朝，窦氏一门更是牢牢地把持了朝政，这也是外戚专权的开始。永元初年，窦宪率军大破北匈奴后，窦氏兄弟愈加骄纵，强夺人财，掠人妻女，培植爪牙，甚至地方太守、刺史也要听从窦氏安排。永元四年（92），和帝经过一番筹划，依靠中常侍郑众等人，先设计搜捕窦宪党羽，逮捕并处死了窦氏死党郭邓叠，接着又派谒者仆射收窦宪大将军印绶，改封冠军侯。窦宪被迫离开京城来到封国后，和帝又下旨逼其自杀。和帝依靠宦官郑众等人的势力最终铲除了窦氏外戚。和帝深恶外戚专权，想亲自总揽万机，但朝臣几乎全为窦氏死党，要想彻底铲除其势力就只能依靠身边的宦官势力。因此，东汉宦官用事，从郑众开始。永元十四年（102），和帝封郑众为鄛乡侯，宦官对外戚的斗争第一次取得胜利。

梁冀专权

汉顺帝死后，梁太后立自己年仅两岁的儿子为帝，是为汉冲帝。但冲帝在位仅一年即告夭折。梁太后与自己的哥哥梁冀密谋，又从皇族中选定一个八岁的孩子继承皇位，即为汉质帝。质帝即位第二年，因看不惯梁冀的专横便当着梁冀的面说他是跋扈将军。不久，汉质帝被梁冀毒死。接着，梁冀又立一个十五岁的孩子为帝，这就是汉桓帝。

桓帝即位，封梁冀三万户，增加梁冀所领大将军府的官属；又封梁冀的兄弟和儿子皆为万户侯。梁冀入朝可以“入朝不趋，剑履上殿，谒赞不名”。朝廷政事，事无大小，都要经过梁冀决定，才能执行。梁冀一家，前后共出了七个王侯，三个皇后，六个贵人，两个大将军，其余卿、将、尹、校五十七人。梁翼把持朝政约二十年，权倾朝野，穷奢极欲，百官侧目，莫敢违命。

党锢之祸

东汉中叶以后，外戚与宦官相互夺权争斗，趋势愈演愈烈。桓帝时期，以李膺、陈蕃为首的官僚集团，与以郭泰为首的太学生联合起来，结成朋党，猛烈抨击宦官的黑暗统治。宦官依靠皇权，两次向党人发动大规模的残酷迫害活动，史称“党锢之祸”。延熹九年（166），因遭到诬蔑，李膺等二百多名“党人”被捕，后虽释放，但终身罢黜。汉灵帝建宁二年（169），灵帝在宦官侯览、曹节怂恿下，再次逮捕李膺、杜密等百余人，并下狱处死，后又牵连六七百人，这是第二次“党锢之祸”。党锢之祸是擅政宦官假借皇帝名义而对朝野反对士人及年轻学生的全面打击。但这种倒行逆施，并不能挽救其行将灭亡的统治，当士人、学生的“文争”被镇压下去以后，接下来的黄巾大起义，给封建统治者以沉重打击。汉灵帝也惧怕党人与起义军结合，于是在中平元年（184）宣布大赦党人，流放者准许返回故里。至此，党锢问题才算最后解决。

黄巾起义

东汉末年，外戚和宦官争权夺势，祸乱朝纲，造成了统治的混乱。地方豪强趁机不断扩张，兼并土地。农民的处境日趋恶化，纷纷破产沦为流民，最后不得不奋起反抗。黄巾起义正是在此背景下发生的，起义的领袖是太平道的首领张角，自称“大贤良师”。张角是钜鹿（今河北平乡西南）人，以传道和治病为名，在农民中宣扬教义，进行秘密活动。他加紧部署起义，广泛传播“苍天已死，黄天当立，岁在甲子，天下大吉”的谶语。中平元年（公元184年，农历甲子年），由于计划泄露，起义被迫提前举行。以黄巾为标志的农民起义军在七州二十八郡揭竿而起，他们攻城夺邑，取得了很大的胜利。黄巾军人员众多，遍布大江南北，声势浩大，京师震动。东汉朝廷先后派卢植、董卓、皇甫嵩等率军镇压，均被义军打败。但由于起义军领袖皆为农民，没有实际作战经验，组织涣散，分三路大军进攻都城但不能协调配合，终被东汉政权集中兵力各个击破。起义军先后在南阳（今河南南阳）、颍川（今河南禹县）失败。同时控制广宗（今河北威县东）一带的黄巾军首领张角病死，其弟张梁、张宝继续率众坚持斗争。皇甫嵩率军攻击广宗，遭到起义军顽强抵抗。

皇甫嵩初战失利，就采取“闭营休士，以观其变”的战略。他乘黄巾军稍懈之隙，潜夜进攻，结果打败广宗黄巾军，张梁牺牲，同时被杀害的起义军有三万人，投河自尽者五万人。不久，孤军奋战的张宝也在下曲阳（今河北晋县西）战败牺牲。皇甫嵩大肆屠戮起义军，惨遭杀害的黄巾军达十万余人。至此，历时九个月的张角领导的黄巾军起义失败。这次起义动摇了东汉王朝的统治。主力失败后，分散在各地的黄巾军余部和响应起义的农民武装继续战斗，坚持了二十多年。

董卓专权

黄巾起义之后，地方豪强纷纷割据土地，划分自己的势力范围。中平六年（189），灵帝死，少帝即位。当时宦官专权，外戚何进下诏令割据并州的董卓进京铲除宦官。不料消息走露，何进反被宦官杀死。董卓进京后，控制了京师的军权，并自立为司空。九月，他胁迫何太后废少帝，立陈留王为帝，是为献帝。董卓此时已当上太尉，更封郿侯，为巩固自己的地位，笼络人心，还征召名士，为己所用。不久，他又进为相国，可以“入朝不趋，剑履上殿”，军阀专政已代替了外戚、宦官专权。

官渡之战

建安元年（196），曹操挟持汉献帝迁都到了许昌，以天子的名义诏令天下诸侯击败吕布、袁术后，势力范围向北扩张到了黄河岸边。而北方最大的割据势力袁绍，击灭幽州公孙瓒，拥有冀、青、并、幽四州之地。袁绍地广人多，欲南征曹操，进占许都，夺取最高统治权。建安四年（199），袁绍率十万精兵南下攻许（今河南许昌东）。当时，曹操兵少将寡，率主力两万北上迎敌。第二年，袁、曹两军相峙在官渡（今河南中牟县东北），大战一触即发。曹操采用声东击西、各个击破的战术，奇袭白马（今河南滑县东南）袁军，斩袁绍的大将颜良。然后，曹操又诱敌深入，斩袁绍的大将文丑。两战两败之后，袁军士气非常低落，但袁绍自恃兵多粮足，定要同曹操决一死战。谋士许攸献计不被采纳，又遭到袁绍的排斥，就投奔了曹操，向曹操献计，建议偷袭袁绍屯集军粮的乌巢（今河南延津县东南）。同年农历十月，曹操率五千人马，伪装成袁军，偷袭乌巢，把袁绍的军粮全部烧毁。袁军听说军粮被烧，顿时大乱，曹军乘势出击，大败袁军，歼灭袁军七万多人，袁绍仅带八百骑兵逃过黄河。官渡之战是我国历史上一次著名的以少胜多的战役，曹操在战斗中消灭了袁绍主力，奠定了统一北方的基础。

孙权安定东吴

建安八年（203），孙权率军西征讨伐江夏太守黄祖，行军途中突然闻报江东鄱阳等地山越（泛指当时居于山谷间的土著居民）人民起义，孙权即刻还军。孙权命征虏中郎将吕范、荡寇中郎将程普、建昌都尉太史慈分头进讨山越，很快就平定了山越。建安八年冬，建安（今福建建瓯）、汉兴（今浙江湖州南）、南平（今属福建）等三县百姓起义，各聚众数万人。孙权命令南部都尉贺齐率兵进讨。贺齐使属县各出兵五千人，连破农民军，斩其首领洪明，农民军六千多人被斩首。平定山越、击败建安等义军之后，孙权基本上统一了吴越地区，巩固了自己的后方，为将来对外作战打下了坚实基础。

曹操统一北方

曹操自起事之日起，就不断地招兵买马，积草屯粮，扩充其军事力量，又广纳人才，发展经济，为统一北方打下良好的基础。官渡战役之后，曹操进军河北。建安九年（204），曹操攻占袁绍的统治中心邺（今河北临漳西南），把青、冀、并、幽四州之地划归自己所有。建安十二年（207），曹操北出卢龙塞（今河北喜峰口），大败乌桓，安定了北方边境，接着又南平荆州，西定关陇，在削平了众多的州郡势力和氐族豪强武装之后，北方统一的大业基本完成。

赤壁之战

曹操基本统一北方后，怀着统一天下的雄心，虎视江南。建安十三年（208）春，曹操在邺修建玄武池，训练水军，作向南方进军的准备。九月，曹操在新野和当阳连败刘备，并率精骑数万继续追击刘备。刘备退至夏口（今武汉境内），曹操继续南下。占领江陵，并乘胜向江东进军，以图兼并东吴。刘备此时只有军士两万多人，在军师诸葛亮的建议下，他决定与孙权共同抗曹。在东吴，许多谋臣慑于曹军号称八十万的声势，主张议和，诸葛亮与鲁肃、周瑜等对当前的形势作了精辟的分析，说服了孙权，坚定了孙权抗曹的决心。孙权即命周瑜、程普为左右督，鲁肃为赞军校尉，率领三万精锐水师，与刘备军会合约五万，进驻夏口。孙刘联军自夏口溯江而上，与曹军相遇于赤壁。当时曹军大多为青、徐北方兵马，不习水战，为克服船身的晃动，使用铁链连锁战船，结果又造成战船调动不便。孙刘联军乃乘东南风之便，用火攻焚毁曹军的战船和岸上的兵营，一时“烟炎张天”，曹军“人马烧溺死者甚众”。联军乘胜攻击，曹操被迫引兵从华容道狼狈北归。“赤壁之战”后，曹操损失惨重，在短时间内没有了南下的能力。刘备在战争中迅速扩大自己的势力范围，东吴也使自己的实力进一步加强，自此三足鼎立之势形成。

曹丕称帝

赤壁之战后，曹操退守北方，不久又率兵西征陇川，平定了关中，巩固了自己在北方的统治。216年，曹操为魏王，控制了东汉政权。220年正月，曹操病死，次子曹丕即位。他以不参加葬礼之罪逼弟弟曹植写下七步诗，又夺下弟弟曹彰的兵权，巩固了自己的地位。同年，曹丕逼献帝禅位于他，改国号为魏，定都洛阳。曹丕封献帝为山阳公，在封地内仍奉行汉朝历法，按天子的礼仪在郊外祭祀天地，向皇帝上书可以不称臣，追尊曹操为武皇帝。曹丕称帝后，改“尚书台”为“尚书省”，又设置秘书监和中书省，以分掉尚书省的权力，改变东汉后期尚书权职过重的现象，使职官制度更加完善。又下诏禁止后族辅政，所有一系列措施都加强了中央集权制度，有效地避免了大权旁落的情况出现。

白帝城托孤

吴蜀夷陵之战，刘备兵败逃至白帝城，一病不起。第二年，即章武三年（223）春，刘备病情加重，下诏令远在成都的诸葛亮立即动身赶往白帝城嘱托后事。在刘备战败到诸葛亮入白帝城这段时间里，蜀汉先后也有几位重臣去逝，刚刚建立的蜀汉政权对益州和汉中的统治还没有完全稳定；而蜀汉太子刘禅当时年少不能主事。于是刘备便托孤于诸葛亮：“君才十倍曹丕，必能安国，终定大事。若嗣子可辅，辅之；如其不才，君可自取。”又遗诏刘禅：“汝与丞相从事，事之如父。”并安排中都护李严镇守永安，共同承担起兴复汉室的大业。之后不久，刘备逝世，终年六十三岁。同年刘禅在成都即帝位，改元建兴。

孙权称帝

建安五年，孙策死，其弟孙权继承了父兄事业，占据东吴，成为江东之主。曹操、刘备相继称帝以后，孙权迫于形势，曲意事魏。吴黄武八年（229），孙权在群臣的建议下，在武昌称帝并改元黄龙。孙权称帝后，立国号为吴，追尊其父孙坚为武烈皇帝，其兄孙策为长沙桓王，立子孙登为皇太子。孙权设置农官，实行屯田，促进了江南经济的发展。九月，孙权迁都建业（今江苏南京）。孙权称帝，标志着三国鼎立局面正式形成。

司马师专魏

魏嘉平三年（251）八月，司马懿死，长子司马师继其父职做了抚军大将军，继续操纵魏国大权。司马师为加强自己的势力，在政治上实行高压政策，顺之者昌，逆之者亡。中书令李丰、太常夏侯玄都是时人敬慕的名士，这令司马师非常忌恨。司马师杀李丰，并诬陷他和张皇后之父张缉、太常夏侯玄谋反，杀害了张缉、夏侯玄及他们的朋友，并夷灭三族，废了张皇后。六年（254）九月，司马师之弟司马昭受诏领兵到洛阳进见皇帝，大家都劝曹芳在司马昭辞行时杀死他并夺取他的兵权，以此来迫使司马师辞官。诏书写好后，曹芳因恐惧而不敢发。十九日，司马师逼迫皇太后下令，废曹芳为齐王，迎立东海王曹霖之子高贵乡公曹髦为皇帝。于是，当年十月，年仅十四岁的曹髦在司马师的拥护下登上帝位，改年号为正元。曹魏政权完全落于司马氏家族之手。

司马炎称帝

265年，司马昭死，其子司马炎袭晋王位，同年十二月废元帝曹奂，自立为帝，改魏为晋，是为晋武帝，晋朝建立。晋武帝即位后，于280年灭东吴，结束了三国时代，统一了全国。晋武帝在位期间，鉴于曹魏末期的腐朽统治，采取了一系列有效措施，包括重视法律，抚鳏寡，并多次劝课农桑，废除民屯，使屯民成为州郡编户，颁行户调式，包括占田制、课田制、户调式、限田制等，严禁私募佃客，使得社会经济得以恢复和发展，太康年间（280—289）出现一片繁荣景象，史称“太康之治”。与此同时，晋武帝大封宗室为王，给予门阀士族很大的权力，不仅封其官爵，给予土地，还授予军权，致使诸王都有很强大的势力，这也为以后的“八王之乱”埋下祸根。

八王之乱

太熙元年（290），晋武帝死，其子司马衷即位，是为惠帝。惠帝愚鲁无能，野心勃勃的皇后贾南风杀死辅政大臣杨骏等，掌握了政权。贾后专政引起了诸王的不满。永康元年（300），在洛阳掌握禁军大权的赵王司马伦起兵捕杀了贾后及其党羽，宣布自己为皇帝。诸王不服，齐王、成都王、河间王、长沙王等都起兵反对，赵王司马伦兵败被杀。光熙元年（306），政权落在东海王司马越手中，他毒死惠帝，另立惠帝之弟司马炽为帝（怀帝），至此历时十六年的“八王之乱”方告结束。

永 嘉 之 乱

晋怀帝永嘉四年（310），汉帝刘渊死，其子刘聪即位。第二年，刘聪派石勒、王弥、刘曜等攻晋，在平城（今河南鹿邑西南）歼十万晋军，杀太尉王衍及诸王公。永嘉五年(311)，刘聪又遣刘曜攻破洛阳，俘获怀帝，纵兵烧掠，杀士兵百姓三万余人。永嘉之乱后不久。怀帝被刘聪毒杀，其侄司马邺（愍帝）被拥立于长安。但这时皇室、世族已纷纷迁至江南，西晋王朝名存实亡。永嘉之乱后，大量人口为避战乱从中原迁往长江中下游，史称“衣冠南渡”，为东晋偏安一隅作了准备，客观上促进了长江中下游经济的发展，中国古代经济中心逐渐转移到南方。

西 晋 灭 亡

永嘉五年（311），怀帝司马炽被汉军俘获，晋朝群龙无首，驻守长安的秦王司马邺被大臣立为太子，313 年，刘聪将怀帝毒死，晋尚书、左仆射鞠允，卫将军索琳、梁芬等人，于四月在长安扶立秦王司马邺为帝，是为晋愍帝。改年号为“建兴”。但这时的皇室、世族已纷纷迁至江南，西晋王朝已经名存实亡。建兴四年（316）八月，刘曜率军围攻长安。相持数月后，长安城成为一座孤城，内尢粮草，外无救兵。无奈之下愍帝只好出城投降，刘曜将他押到平阳后，被刘聪废封为光禄大夫，封怀安侯。共历四帝，统治五十二年的西晋王朝宣告灭亡。

司马睿建东晋

西晋后期，刘渊起兵建立汉国。其子刘聪即位后不久攻下了晋朝都城洛阳，俘获晋怀帝。皇室世族为躲避战乱纷纷南下，迁至江南。琅琊王司马睿是在刘渊起兵之后，接受王导建议，于永嘉元年（307）九月南下，并在王导、王敦扶助下，立足江南。司马睿虽为皇族，但声望不够，势力单薄，本人才能也不高，所以得不到南北士族的支持，皇位不稳。但是，他重用了政治家王导。王导善于笼络人心，使南方士族支持司马睿，使北方南迁的士族也决意拥护司马睿。317 年，司马睿在南渡的中原士族和江南士族的拥护下在建康称帝，国号仍为晋，是为晋元帝，改元建武，并大赦天下，维持了偏安局面。东晋初年，政治上有王导主持，军事上依靠王敦，形成了“王与马，共天下”的局面。

祖 逖 北 伐

东晋建立以后，北方一直被几个少数民族统治割据，北伐中原、光复故土是许多南迁人士的愿望。在这种背景之下，祖逖开始筹划北伐大计。祖逖（266—321），范阳人，少有大志，历史上一直流传着他“闻鸡起舞”的佳话。祖逖亲见北方匈奴贵族对于中原人民的残暴统治，立志北伐，恢复中原。他向司马睿请求北伐。司马睿任命他为豫州刺史。在经过一番准备之后，祖逖率部渡江北上，击楫中流，说：“祖逖不能清中原而复济者，誓不再回江东！”祖逖北伐得到了中原人民的响应和支持，北伐队伍迅速扩大。祖逖身先士卒，不蓄私产，与将士同甘共苦。北伐战争取得一定的成就，迫使“石勒不敢窥兵河南”。就在此时，东晋内乱突起，祖逖自知北伐成功无望，忧愤成疾，321 年病死。祖逖死后，石勒又攻占河南，北伐失败。

石勒称帝

319 年，石勒自称赵王，建立政权，史称后赵。330 年，在襄国（今河北邢台）称帝，改元建平，以太子弘为皇太子。

石勒占据了中原地区，而中原又因是兵家必争之地而屡遭战乱，农业生产破坏严重。石勒于是重视发展农业生产。314 年，他在刚刚稳定河北后，便令各郡阅实人户，每户收绢二匹，租二斛，租赋较西晋课田制约减一半，并多次遣使到各地督促农耕。大兴二年（319）称王后，设劝课大夫、典农使者等官，循行州郡，核定户籍，劝课农桑，对农桑卓有成绩者，予以奖励。所有举措的实施，都使农业生产得到快速恢复。

石勒早年诛杀晋朝王公大臣很多，但却注意笼络河北当地的豪门望族。他攻占坞壁堡垒等民间自卫组织后，任命坞堡主为地方长官，借以征调军队和财物，也曾以士族集成“君子营”。后又将朝臣中掾属以上出身魏晋士族者三百多家迁到襄国，并令胡人不得侮辱衣冠华族，又恢复魏晋选官旧制，使汉人衣冠世族多出任高官。还设立太学，选其将领臣属子弟入学学习，后又在襄国四门增置宣文、宣教、崇儒、崇训四所小学，教育将佐豪右子弟。令郡国置学校，每郡设博士祭酒二人，学生一百五十人，成绩优秀的学生可以被授予官职。

石勒的一系列改革在一定程度上缓和了胡汉矛盾，促进了社会经济的发展。赵国与东晋隔江而望，北方地区除塞北鲜卑及辽西慕容燕政权以外，其余地区全为石勒所有。

前秦统一北方

370年，前秦趁前燕发生内乱之际，灭掉了前燕。376年苻坚派遣毛盛、姚表等人率十三万大军伐前凉，一路势如破竹，进而将姑臧（今甘肃武威）团团包围，走投无路的前凉皇帝张天锡只好出降，前凉亡。凉州郡县全都成了前秦版图中的组成部分。灭凉之后，苻坚乘军队士气高涨之时，于376年冬，遣苻洛率军十万，俱难、邓羌等率兵二十万分兵出击代国，代国军队不堪一击，一触即败，国君什翼犍逃亡云中（今内蒙古和林格尔县北）。不久，代国发生内乱，前秦趁机击云中，杀代国国君什翼犍之子寔君，代国亡。至此，前秦基本上完成了统一北方的大业，促进了民族大融合，与东晋政权隔淮水而望，南北并立。

淝 水 之 战

前秦在统一北方后，不断向南扩张，相继攻占东晋梁、益（约今陕西南部及四川）二州及襄阳、彭城等地，苻坚继而进兵东晋，以求统一天下。晋太元八年（383），苻坚征集八十多万人进攻东晋，东晋丞相谢安命其弟谢石、侄谢玄等率军八万迎敌。同年十月，前秦军队攻占寿阳（今安徽寿县），苻坚派被俘的东晋将军朱序到晋军中去劝降。朱序乘机告诉谢石，前秦军队到达前线的只有二十五万人，建议先发起进攻。十一月，晋军在淝水与前秦军隔水对阵。谢玄诈称隔水不方便打仗，请秦军后退。苻坚想乘晋军渡河时消灭晋军，答应后退。可是，由汉人及各族被役者组成的前秦军不愿再战，秦军一退便“制之不可止”，此时，朱序又乘机大喊：“秦军败了！秦军败了！”前秦军队顿时大乱。晋军趁机渡过了淝水，秦兵溃散逃跑，死亡大半，苻坚也被箭射伤，逃回长安。淝水之战后，南北朝格局发生变化，前秦政权瓦解，北方再次陷入豪强割据、兼并混战的局面，而南方的东晋巩固了其政权，出现了太平盛世。

刘裕建宋

刘裕，字德舆，京口（今江苏镇江）人。先祖曾是显贵士族，到他父辈时已经没落。义熙元年（405）三月，晋朝末年的帝位被桓玄所窃取，刘裕于是率兵攻打建康，杀了桓玄，迎安帝复位。为了提高威望，扩大势力，取代晋室，他在此后十年间，相继灭南燕、后秦。元熙二年（420）六月，代晋称帝，国号宋，定都建康。刘裕即位后，吸取了前朝士族豪强胁主专横的教训，抑制豪强兼并；实行“土断”，清理侨人户籍，使侨人户口编入所在郡县；规定政府所需物资，不准滥行征发，派有关官员以钱购买；降低农民租税，废除苛繁法令，给百姓以宽松的政治环境，发展生产。刘裕推行政令能以身示范，崇尚俭朴。刘裕在位三年，422 年，刘裕病逝，他是中国历史上一位非常有作为的皇帝，他所作的改革促进了南方经济的发展，推动了社会的进步。

太武帝灭佛

北凉时期，境内佛教盛行，439 年，魏国太武帝拓跋焘平灭北凉，下令将其国佛教信徒（包括沮渠氏宗族及吏民）数万户迁徙到当时魏的都城平城，于是佛教在北魏境内的影响迅速扩大。可拓跋焘和大臣崔浩都崇奉道教，厌恶佛教，因而崔浩便力主灭佛，正中拓跋焘心意。太平真君五年（444）正月十二日，拓跋焘下诏禁止王公庶民私养沙门（僧人），违者斩杀沙门及主人全家。太平真君七年（446）三月，拓跋焘率军亲征卢水胡盖吴时，攻入长安，入佛寺，见室内外有兵器，认为此物非沙门所用，定是与盖吴通谋，企图作乱，便命有司诛杀全寺沙门。在清理佛寺财产时，发现有许多酿酒之器和州、郡官民的财物，在密室中还藏有妇女。拓跋焘对佛教就更为厌恶。崔浩乘机再进灭佛之言，拓跋焘遂于当月下诏灭佛。

萧道成建齐

萧道成，字绍伯，宋明帝时被封为右军将军，元徽二年（474）升为中领军将军并执掌禁卫军。南朝宋末年，皇族内讧，萧道成乘机而起并推立顺帝刘　，被授相国，封为齐王，掌握军政大权。昇明三年（479），顺帝逊位，萧自立代位，史称齐高帝，改年号为建元，建立南齐政权。他崇尚节俭，反对奢靡，并以身作则；减免百姓逋租宿债，宽简刑罚。所有改革都利于社会发展，唯独在校籍工作中出现了许多弊端，侵犯了庶族地主的利益，并因此在其死后，引发了唐寓暴动，冲击了齐朝统治。齐自高帝至和帝萧宝融共历二十三年，于502年被萧衍灭。

北魏孝文帝改革

471 年，主持政事的冯太后废献文帝，另立年仅五岁的拓跋宏即位，号魏孝文帝，朝政仍由冯太后把持。冯太后是汉族人，受过很好的教育，有政治才干，临朝听政长达二十五年。在魏孝文帝亲政前，冯太后就进行了一系列改革。改革的主要内容有：实行官吏俸禄制，严惩贪污官吏；颁布均田令，政府把掌握的土地分配给农民，农民向政府交纳租税，并承担一定的徭役和兵役。魏太和十八年（494），孝文帝不顾保守派大臣反对，把都城从平城迁到洛阳以便于接受汉族文化，加强对黄河流域的控制。革除鲜卑旧俗，接受汉族先进文化。孝文帝下令鲜卑贵族采用汉姓，改穿汉族服装，学习汉语，提倡同汉族人通婚。魏孝文帝的改革是中国历史上著名的改革之一，它所采取的措施，促进了政治和经济的发展，促进了鲜卑和汉族及其他各族的大融合。

侯景之乱

梁太清二年（548），侯景在立萧正德为帝后，又率领部下在寿阳起兵并进攻建康城。侯景攻势凶猛，很快就攻陷建康，他先杀梁武帝萧衍，后又将萧正德废去。梁太清三年（549）五月二十七日，侯景立梁太子萧纲为帝，是为梁简文帝。从此侯景大权独揽，为害江南。次年十一月，侯景自己称帝，改国号为汉。大宝三年（552），梁朝将军王僧辩、陈霸先起兵反抗侯景并连连击败侯景军队，进驻建康城下。城内空虚，众叛亲离的侯景见大势已去，跟心腹几十人仓皇东逃。

四月，侯景被其部下杀死。侯景之乱对江南造成了极大的破坏，田地荒芜，人口流失，经济凋敝，一度富庶的江南出现了前所未有的荒凉。

杨坚称帝

北周武帝死后，国力日益衰落，朝政逐渐混乱，统治集团也四分五裂。杨忠是北朝显贵，西魏时为十二大将军之一，在北周时官至柱国大将军，封隋国公。杨忠死后，其子杨坚（541—604）继承了爵位，后来杨坚的女儿又成为了宣帝宇文 的皇后，杨坚当上了大司马、上柱国，掌握了国家大权，在朝廷中的地位十分显要。大成元年（579），北周宣帝下诏退位，将皇帝宝座传给了他年仅七岁的儿子宇文阐，即周静帝。第二年五月，宣帝驾崩，因静帝年幼，外戚杨坚就以左大丞相、都督内外军事的名义把持朝政，不久相州、郧州、益州等地因不满其专权而起兵叛乱，杨坚率兵南下，不久将叛乱平定，并借机消灭了宇文氏诸王，自己独霸朝纲。大定元年（581）二月甲子日，羽翼丰满的杨坚废掉了周静帝，并自立为皇，建立隋朝，定都洛阳，是为隋文帝。

杨广弑父

杨坚称帝建立隋朝之时，因杨勇为其嫡长子所以被立为皇太子。但杨勇率意任性，又奢侈无度，很快在宫内失宠。二弟晋王杨广，灭陈立功，又伪装节俭仁孝，同时广结党羽，并讨好内宫，在独孤皇后、杨素等人的鼓噪下，开皇二十年（600）十月，隋文帝以仁孝无闻委任奸佞等罪名废太子勇。十一月，杨广被立为太子。仁寿四年（604），隋文帝病重，召杨广入居大宝殿。杨广疑虑，写信给杨素询问后事的处理，不料被误传到文帝手中，同时文帝又发觉杨广猥亵陈夫人，后悔莫及，欲复立杨勇为太子。杨广急派心腹张衡入侍，杀死隋文帝，又伪造敕书缢杀杨勇，遂即位为帝，是为隋炀帝。

瓦岗军起义

隋朝末年，农民起义风起云涌，其中以大业七年（611），河南瓦岗寨(今河南滑县南)爆发的农民起义规模最大。大业十二年(616)，长安人李密加入瓦岗军，他精通兵法，善于谋划，帮助起义军屡次歼灭隋军。荥阳大海寺一战，李密等采取设下埋伏、诱敌深入的策略，围歼了隋军精锐部队张须陀部，大大削弱了隋军的主力。大业十三年（617），李密被推为领袖，称魏公，立国号为魏，建元永平。在以后的战斗中，瓦岗军始终为打击隋朝的主力部队，对隋朝的统治给予了致命的打击。后因内部分裂，最后入关降了李唐，经历八年的瓦岗起义宣告结束。

李渊称帝建唐

隋朝末年，隋炀帝荒淫奢侈，失德失政，并且东征高丽无功而返，给社会带来极大的灾难。农民起义在各地兴起。617 年，李渊集团在太原起兵。这时瓦岗军和河北农民军正在中原地区奋战，牵制了大量隋军，隋京都长安地区的防守力量很薄弱。这年秋天，李渊率三万人由太原出发，向关中进军。年底，李渊攻克长安，立代王杨侑为帝，自己辅政，操纵大权。618 年，隋炀帝被杀，李渊废杨侑，在长安称帝，建国号为唐，是为唐高祖，并改元武德，建都长安。

玄武门之变

李渊立长子李建成为太子。在后来的四方征战中，次子李世民功劳最大，并形成了自己强大的势力。李建成害怕李世民对自己构成威胁，便联合了四弟李元吉与李世民争夺皇位，暗中勾心斗角。

武德九年（626）六月四日，李建成、李元吉借出征突厥之机共同谋取秦王府兵。李世民向李渊告发了李建成和李元吉的阴谋，李渊决定次日询问二人。李建成获知阴谋败露，决定先入皇宫，逼李渊表态。在玄武门（宫城北门）执掌禁卫军总领的常何本是太子李建成的亲信，却被李世民所拉拢。六月四日（庚申），李世民亲自带一百多人埋伏在玄武门内。李建成和李元吉一同入朝，待走到临湖殿，发觉不对头，急忙调转马头往回跑。李世民带领伏兵从后面喊杀而来。李元吉情急之下向李世民连射三箭，无一射中。李世民一箭就射死李建成，尉迟恭也射死李元吉。史称“玄武门之变”。

“玄武门之变”后，李渊立李世民为太子，两个月后，李渊退位自称为太上皇，李世民即位，是为唐太宗，次年改元贞观。

贞观之治

隋朝末年，杨广昏庸且穷奢极欲，最终引发了大规模的农民起义。李世民也亲自参加，并目睹了农民起义的威力。隋末农民战争推翻隋王朝的事实，给李世民留下深刻的印象。他做皇帝后，经常和臣下总结前朝灭亡的历史教训。他常说：人君好比舟，人民好比水；水能载舟，也能覆舟。为了避免“覆舟”之祸，他勤于政事，励精图治。唐太宗很重视选官用人，并注意考察地方官的优劣，由于他多方面精心挑选，在他左右掌权的大臣，如房玄龄、魏徵、李靖、温彦博及戴胄等人各有所长，都是一时之俊。

唐太宗还注意纳谏。大臣魏徵、刘洎、马周等人，都敢于犯颜直谏。由于唐太宗善于纳谏，因此能及时地纠正一些错误，修明政治。唐太宗还注意执法，要臣下按法律办事。

在唐太宗即位之初，社会经济遭到严重破坏，民不聊生。几年之后，社会经济就得到了迅速恢复，并得到空前的繁荣，史称“贞观之治”。

房谋杜断

“房”指房玄龄，齐州临淄（今山东淄博）人；“杜”是杜如晦，京兆杜陵（今陕西西安市东南）人。李渊刚刚起兵之时，二人便跟随李世民左右，并在此后的四方征战中，出谋划策，运筹帷幄，助秦王李世民平定群雄，取得帝位。贞观初年，房、杜分领尚书左、右仆射，共掌朝政。台阁制度，皆二人所定。房玄龄善建嘉谋，杜如晦能断大事，两人辅佐太宗，同心协力，相得益彰。

文成公主入蕃

吐蕃的发祥地是雅鲁藏布江流域的雅隆河谷。贞观三年（629），松赞干布继赞普位，迁都逻些，接着征服诸部，实现了西藏的统一。贞观八年（634），吐蕃首次遣使入唐，松赞干布听说突厥、吐谷浑娶唐公主，心生羡慕，遂派人请婚。李世民当时正努力争取吐谷浑，为免助长吐谷浑内亲吐蕃势力，未许其请。松赞干布以为吐谷浑从中作梗，一怒之下，派兵击溃吐谷浑，屯兵二十万于松州。李世民命侯君集等领兵击败吐蕃。松赞干布惧而退兵，遣使谢罪，再次求婚，并派其相禄东赞献黄金五千两及珍宝数百件作聘礼。李世民为其诚意所感动，且当时吐谷浑已附唐，遂准嫁以文成公主。贞观十五年（641）正月，江夏王李道宗送文成公主去吐蕃，松赞干布亲往河源隆重迎接。随后，举行规模盛大的婚礼，并为公主筑唐式皇宫。文成公主入藏后，吐蕃羡慕华风，接受内地的服饰等风俗习惯，下令禁以赭涂面之俗；并派子弟到长安学习诗、书。文成公主随身带去的经史、诗文、佛经、佛像以及种树、工艺、医药、历法等书籍，皆为中原文化的精粹，还带去了种子、工具等物，成为传播中原先进的农业、手工业技术的队伍。公主带去的文化、技术和人才，有力地推动了吐蕃地区经济文化的发展。

武则天称帝

唐太宗临终前，经和大臣们商议后，决定让仁厚的李治继承帝位，唐太宗死后，李治即位，是为唐高宗。高宗健康状况不好，许多政事都交给皇后武则天来处理。高宗死后不久，武则天先后立了中宗和睿宗两个皇帝，又先后废除，最后自立为帝，改国号为周，武则天也成为了中国历史上唯一的女皇帝，前后掌权五十余年。武则天称帝后，在打击士族官僚的同时，对拥护她的庶族官僚则大力扶植。她还破格用人，大量选用庶族地主做官，并进一步发展科举制度。当时的宰相狄仁杰是有名的贤相。唐玄宗开元年间的名臣姚崇、宋璟、张九龄等，也都是在武则天时开始被提拔起来的。

同时，为了加强自己的统治，武则天也另外用酷吏滥杀，造成恐怖风气；她放手招官，使官僚集团急剧膨胀，加重了人民的负担。武则天信奉佛教，到处修建寺庙，筑造佛像，浪费无度。因此，后人对武则天赞扬指责并存，说法不一。

韦后乱政

武则天被逼退位后，唐中宗李显即位，但他昏庸懦弱，唐朝的政局依然陷于动荡之中。李显之皇后韦氏也善权谋，趁机夺取了朝政大权。韦后想效法武则天当女皇，中宗每临朝听政，韦后必施帷幔坐于殿上，与闻听事。韦后又与武三思勾结，操纵朝政。景龙四年（710），韦后亲手毒死中宗李显。中宗之子少帝即位，韦后临朝摄政，京城守备及禁军皆派韦氏外戚子弟分领。京城相传有“革命”之举，人心恐惧不安。但不久，李隆基联合了太平公主的势力共同平灭了韦氏。

玄宗即位

延和元年（712）八月，睿宗传位太子，李隆基即位，改元先天，尊睿宗为太上皇。

李隆基为唐睿宗李旦第三子，性果断，具英雄才略，初封楚王，后为临淄王。韦后杀中宗祸乱朝纲，引起李隆基的不满，于景云二年（711），与太平公主合谋发动政变，诛韦后，拥其父李旦即位，被立为太子。七月，彗星出西方，太平公主使术士谓睿宗曰：“彗星入太微，主帝座有灾，皇太子将为天子。”暗示太子将弑君篡位。但睿宗已决意将皇位传于太子，太平公主及其党力劝，以为不可。太子闻讯，急驰入见，叩请父皇收回成命。李旦说："帝座有灾，授位于汝；社稷为大，不可多疑。"二十五日，睿宗下诏正式传位于太子。八月三日，太子即位，是为玄宗，尊睿宗为太上皇。自此，太上皇自称为"朕"，命曰"诰"，受朝于太极殿；玄宗自称为"予"，命曰"制""敕"，受朝于武德殿。太平公主劝睿宗虽然传位，仍宜主大事，故三品以上官任命及重大刑案仍由太上皇来裁决；其余政事则由玄宗处理。

开元盛世

唐玄宗李隆基很有才能，刚刚即位，就从巩固皇权入手，稳定了政局。接着大力选拔人才，任人唯贤，依靠姚崇、卢怀慎、宋璟等贤臣精心治理国家，大力发展经济，在唐玄宗初期，国力明显增强。玄宗自奉甚俭，改变武则天以来后宫奢靡之风。由于开源节流，国家财政日益丰裕，仓库充实，物价平廉，生产发展，经济繁荣。社会经济的繁荣必然推动科技文化的发展，玄宗对儒士甚为优礼，并令臣下访求遗书，得图书近五万卷，使科技文化大放异彩。社会繁荣促进了人口的大幅度增长，开元年间，唐代人口增长到五千二百九十余万人，社会安定，天下太平，商业和交通也十分发达。位于运河和长江交汇处的扬州，中外商人汇集，城市特别繁华。在唐都长安城，世界上很多国家的使臣、商人、学者、工匠都争相前往进行友好交往，开展贸易，学习文化、技术。在当时，唐朝成为了亚洲的经济、政治和文化中心，在世界上享有很高的知名度。中国封建社会出现了前所未有的盛世景象。

安史之乱

唐玄宗末年，节度使安禄山和史思明发动了历时八年之久的叛乱，史称“安史之乱”。节度使一职始设于唐睿宗时期，仅是统领边防军的使职。唐玄宗为控制和防御周边各族，将节度使增为十个，节度使的权力也大大增加，除管军政外，还兼管本道民政及财政，权势积重。玄宗统治后期，政治败坏，中央军备空虚，天宝元年（742），全国兵数为五十七万，边兵竟占四十九万。安禄山即在此外重内轻、尾大不掉的局面下起兵叛唐。安禄山于天宝元年任平卢节度使，后来身兼平卢（今辽宁朝阳）、范阳（今北京）、河东（今山西太原西南）三镇节度使，兵力雄厚。起兵之前已派人摸清了唐朝的底细，认为朝廷腐朽、实力空虚，时机已经成熟，又因与宰相杨国忠争权，遂于天宝十四载（755）十一月，以讨伐杨国忠为名，自范阳起兵。河北州县，望风瓦解，唐朝的郡守、县令或逃或降，或被擒杀。叛军兵锋迅速指向洛阳（今河南洛阳东），唐玄宗派遣大将封常清到洛阳募兵六万，这些新兵未经训练，很快为叛军击败，洛阳失陷。封常清与驻屯陕州的大将高仙芝一起退守潼关（今陕西潼关东北）。玄宗听信监军宦官的诬告，杀死高、封两人，起用病废在家的老将哥舒翰统兵赴潼关。次年正月，安禄山在洛阳称大燕皇帝，令部将史思明经略河北。安史之乱全面爆发。

马嵬驿兵变

潼关失守后，安史大军进逼长安，长安城危在旦夕，唐玄宗带上贵妃及大臣、禁军将士出城南逃。天宝十五载（756）六月十四日，唐玄宗与随从逃至马嵬驿（今陕西兴平西）。禁军将士因饥饿疲劳，发生兵变，军士杀死杨国忠，并杀其子户部侍郎杨暄及韩国夫人与秦国夫人，愤怒至极的将士又请杀杨贵妃。玄宗说："贵妃常居深宫中，怎么能知国忠谋反之事呢？"高力士回答说："贵妃是无罪，但禁军将士已杀国忠，贵妃在陛下左右，将士心不自安，愿陛下三思，禁军将士安则陛下安。"于是玄宗命高力士引杨贵妃至佛堂，缢杀之。马嵬驿之变后，李隆基欲再西行，因当地父老拦路请留，遂分后军三千人给太子，令太子破逆贼，复长安。此后，太子北进至灵武（今宁夏灵武西南），李隆基南入成都。

回纥助唐平叛

唐代宗宝应年间，安禄山、史思明已死，史朝义继续叛乱。为了尽早平叛及安稳后方，九月，代宗遣中使刘清潭出使回纥，重修旧好，并请出兵助讨史朝义。当时，史朝义欺骗回纥登里可汗说："唐相继有大丧，现国无主，可汗可率兵速来收其府库。"回纥乃起兵至三城，见唐州县因战乱多成废墟，遂有轻唐之意，并侮辱使节刘清潭。代宗因当初毗伽阙可汗为登里求婚，肃宗以仆固怀恩女妻之，是为登里可敦，故派仆固怀恩前往安抚。仆固怀恩往见，对登里可汗说唐朝恩信不可负，可汗遂遣使上表，诺助唐讨史朝义。

十月，代宗以雍王李适为天下兵马元帅，会诸道节度使及回纥于陕州，共讨史朝义。代宗欲以郭子仪为副元帅，为程元振、鱼朝恩所阻而止。遂以仆固怀恩为副元帅。雍王适至陕州，时回纥可汗率其兵屯于河北。雍王适与其僚属数十骑往见之，可汗责适不行拜礼。雍王随从药子昂说按礼不该拜，回纥将军车鼻说："唐天子与可汗约为兄弟，可汗为雍王叔父，为何不拜？"子昂说："雍王为唐皇帝长子，现又是兵马元帅，怎能向可汗下拜？"双方争执良久，车鼻遂鞭子昂、魏琚、韦少华、李进各一百，以李适年少不懂规矩而免责。魏琚、韦少华当晚即因鞭伤而死。从此，李适（即德宗）深怨回纥。

牛李党争

元和三年（808），牛僧孺、李宗闵应举对策时指斥时政，触犯宰相李吉甫。主考官数人遭贬，牛僧孺、李宗闵数年不得迁任，此事件揭开牛李党争序幕。李党的首领是李吉甫之子李德裕，主要成员有李绅、郑覃、陈夷行、李让夷等；牛党除牛僧孺、李宗闵外，主要成员还有李珏、杨嗣复、令狐 等。

元和年间，由于牛党流落朝外，两党斗争还不激烈。821年，两党再次因科举取士爆发斗争。三月，右补阙杨汝士与礼部侍郎钱徽主持进士贡举，中书舍人李宗闵女婿苏巢、宰相裴度之子裴馔、杨汝士之弟杨殷士及郑覃之弟郑朗等皆登第。西川节度使段文昌与翰林学士李绅曾推荐数人于钱徽，榜出皆不中，段文昌等上书抨击礼部贡举不公，所录取的皆为公卿子弟且多以打通关节而取得，实际上无任何技能。穆宗询问翰林学士李德裕、元稹、李绅，皆言文昌所奏属实。穆宗派中书舍人王起等复试，结果原中十四人，仅三人通过。四月，诏黜郑朗等十一人，钱徽、李宗闵、杨汝士贬官外放。李党获胜，双方积怨愈深。此后，两党不时为政见不同而相互攻讦。两党政见不同，牛党重科举，并利用科举考试中投卷、关节之风，相互援引；李党则对科举制不满，主张改进甚至一度建议取消进士科。牛党主张对割据藩镇姑息妥协，反对用兵；李党则力主削藩伐叛，强化中央集权。牛党对收复吐蕃侵占失地持消极态度，主张维持边界现状；李党则积极主张练兵修武，收复失地，完成统一。武宗会昌年间，重用李德裕为相主持朝政，形成李党独掌朝政的局面。牛党均被排斥出朝或遭流贬。李德裕支持武宗讨平昭义刘稹叛乱，击破回纥，废除佛教，改革朝廷弊政。会昌六年，宣宗即位后，对李党成员大量贬逐，并相继重用牛党的白敏中、令狐 ，拜其为相。召牛僧孺、李宗闵入朝。大中二年（848），牛僧孺卒。次年，李德裕卒于崖州贬所。牛李党争终以牛党获胜告终。

甘露之变

唐朝末年，宦官专权。唐文宗即位后，不满宦官乱政行为，打算惩治宦官，收回皇权。大和九年（835）十一月二十一日，唐文宗以左金吾仗院内石榴树上夜降甘露为名，命宦官神策军左右护军中尉仇士良、鱼志弘等带领宦官去察看。在金吾仗院内，文宗早已安排好韩约、李训率兵埋伏在那里。仇士良等人一到，立刻受到了伏击。宦官数十人被打死，但宦官却劫持文宗进入宣政门，将门关闭，朝臣一时惊散。宦官挟持文宗退入内殿后，立即派遣神策军五百人，持刀出东上阁门，逢人即杀，死者六七百人。接着关闭宫城各门搜捕，又杀千余人。李训、王涯、韩约等先后被捕杀。经过这次宦官的大屠杀，朝官几乎为之一空。从此，宦官权势日盛一日，不仅藐视百官，还蔑视皇帝。最终文宗因忧郁过度而亡。

黄巢起义

乾符二年（875），濮州（今山东鄄城北）人王仙芝自称“天补均平大将军”，率众在长垣（今属河南）发动农民起义，并连续攻克曹州、濮州。曹州冤句（今山东菏泽）人黄巢也起兵响应。义军挥师中原，逼近沂州、洛阳，唐朝廷大为恐慌，调各路军队镇压。二月，黄巢与王仙芝攻下鄂州、郢州、复州和荆南罗城。五月，王仙芝在黄梅兵败被杀，余部由尚让率领与黄巢会合作战。乾符五年（878）三月，黄巢率军攻克亳州，众推黄巢为黄王，号“冲天大将军”，并建立官制，设置官职。随后挥师北上，再次攻克濮州。朝廷调遣张自勉为东北面行营招讨使，率兵围剿义军。形势于义军不利，义军于是决定向南转移，由滑州略宋、汴。唐朝调集军队围攻。黄巢于是率军经淮南，在和州与宣州间横渡长江，攻占南陵，杀死唐将王涓。由于唐宣歙观察使王凝固守宣州，义军久困于坚城之下。五六月间，起义军转攻润州（今江苏镇江）。唐朝廷派高骈为镇海节度使带兵镇压，黄巢主动撤出，率军向南攻打杭州。八月，义军攻入杭州城内，烧毁官府文书档案等，释放在押犯人，没收地主官吏财产，发布文告，开仓赈济百姓。九月，起义军攻占越州（今浙江绍兴），唐浙东观察使崔璆逃走。唐廷派张 阻遏义军，黄巢于是转战福建，开山路七百里入闽，破建州，十二月攻占福州。乾符六年（879）六月，黄巢占领广州，俘获岭南东道节度使李迢。由于黄巢军中士兵大多为北方人，多有水土不服，加上瘴疫蔓延，士兵死亡甚多，部将劝黄巢北上以成大业。十月，黄巢率军从桂州出发北伐，向唐王朝的都城长安挺进。

唐朝灭亡

天 年间，朱全忠逼迫昭宗东迁洛阳，完成了篡唐的第一步，然后又将昭宗杀害，另立幼主为帝，并肆意杀害唐宗室。同时又四方攻城掠地，号称中原大地尽在其辖境之内，势力愈盛。加之哀帝困居洛阳，全在朱全忠掌握之中，诸镇无力与之争衡。朱全忠篡唐时机日渐成熟。天 四年（907）正月，哀帝遣御史大夫薛贻矩至大梁慰问，薛返回洛阳，向哀帝表明朱全忠有受禅之意。哀帝即下诏，定于二月禅位。二月，朱全忠又使唐大臣共奏请哀帝逊位，迫使哀帝诏百官至朱全忠元帅府劝进，于是外臣及藩镇劝进者相继。三月，哀帝降旨，禅位于梁，遣宰相张文蔚、杨涉等奉玉册、传国玺率百官备法驾诣大梁。次月，朱全忠至大梁金祥殿，接受百官朝贺。朱全忠更名晃，即皇帝位，国号大梁。大唐自618年建国至907年为朱全忠所灭，历二百八十九年，共传二十一帝。

朱全忠建（后）梁

开平元年（907）四月，梁王朱全忠即帝位，国号大梁，建元开平，是为梁太祖。标志着中国再次进入四分五裂、豪强割据、兼并混战状态。朱全忠，即朱温，原为黄巢部将，后见起义军大势已去，于是举兵降唐。唐朝廷授朱温同华节度使、右金吾大将军、河中行营招讨副使，赐名全忠，后诏授为梁王。朱全忠兵势强盛，企图篡唐以代。他先后杀昭宗、立幼主、屠诸王、灭朝士，拥兵自重，诸藩如李克用、李茂贞、王建、杨渥、钱镠、刘仁恭等不能与之抗衡。唐哀帝徒有皇帝之名，号令皆为朱全忠所发。唐天　四年（907）正月，哀帝被逼下诏，定于二月禅位。三月，哀帝正式降御札禅位于梁。四月，梁王朱全忠更名朱晃，服衮冕，即皇帝位，史称后梁太祖，改元开平，国号大梁，以汴州为开封府，称东都；以唐东都洛阳为西都，废唐西京长安，改称大安府，置佑国军；以哀帝为济阴王，迁之于曹州，派兵防守，第二年将哀帝杀死；撤废枢密院，设崇政院，任命首辅敬翔为使。梁的建立标志着唐朝的灭亡，五代十国的开始。

王建（称帝）建蜀

唐末，四川由若干唐将共同镇守，但他们之间不断战争、兼并。891 年，原唐将之一的王建攻取成都，占据了四川的绝大部分地区，优势明显。904 年，唐廷封王建为蜀王。907 年，朱全忠杀唐昭宗建（后）梁，王建拒绝向朱全忠称臣。九月，王建亦于成都称帝，建都成都。国号蜀，后人称前蜀。次年改元武成。蜀国所辖地据有今四川和甘肃东南部、陕西南部、湖北西部。蜀地素称富庶之地、天府之国，故唐末士人，多依王建。王建虽目不识丁，却能亲用儒生，让士子儒生建章立制，故前蜀之典章文物有唐之遗风。919 年，王建死，其子王衍立。王衍以奢侈荒淫著称，在成都大兴土木，扩建宫苑，自己荒于游宴，军政大事全部由王宗弼和宋光嗣处理，而二人又都是贪财好利、不恤民事之徒。由此，前蜀的政治黑暗、阶级矛盾不断加深。925 年，后唐出兵击蜀，蜀人心向后唐，前蜀遂亡。前蜀共传二世，历时二十三年。

石敬瑭建后晋

石敬瑭是后唐明宗李嗣源的女婿，和末帝李从珂交好，并一同追随明宗。两人都能征善战，深受明宗赏识，被拜为河东节度使。后因弹劾末帝而被削官爵，石敬瑭遂于936年五月反。石敬瑭向契丹称臣，并以父礼事契丹帝耶律德光，称其为“父皇帝”，自称“儿皇帝”，许诺事成之后割燕云十六州给契丹，年年进贡等条件，争取到契丹的武力帮助。后唐清泰三年（936）十一月，石敬瑭在契丹人的庇护下即皇帝位，建立后晋政权。石敬瑭称帝后，借契丹之力大破后唐军，攻入洛阳，灭亡后唐。后晋天福七年（942），石敬瑭病死，从子石重贵即位，是为晋出帝。944年，契丹大举攻晋，并于946年攻入大梁（今开封），擒晋出帝，以失去尊严换来契丹支持的后晋，最终还是被契丹所灭，共历二帝，存在十一年。

刘知远建后汉

天福十二年（947）二月，（后）晋河东节度使、北京留守刘知远称帝建（后）汉。

刘知远，本是沙陀族人，后赐汉姓刘，早年与石敬瑭俱事（后）唐明宗李嗣源，后助石敬瑭得契丹之援建（后）晋。入（后）晋后，刘知远奉表庆贺，虚于应付；同时固守太原，扩充实力。同年一月，契丹军进入大梁，他乘人民抗击契丹军时，于二月在晋阳（今山西太原南）称帝，自称不忍废掉国号晋，但认为开运年号不祥，于是称（后）晋天福十二年，旋东进河南，都于汴（今河南开封），国号汉，史称

（后）汉。所统治范围大致与后晋相同，但仅存四年，历刘知远、刘承祐二帝，为五代最短命的王朝。

柴荣即位后周

显德七年（954）正月，后周太祖郭威病逝，郭威生前未有子嗣，于是立圣穆皇后之侄、养子柴荣为帝，即周世宗。柴荣早在广顺三年（953）即封为晋王。郭威死前，黜退一批恃功倨傲之臣，又任命一批新官吏，将朝政委归柴荣，因此权力移交顺利，柴荣即后周世宗。柴荣继承郭威重农恤民的政策和统一中国的大志，任命王朴等能臣，浚通漕运，发展文教。大臣王朴献“平边策”，提出先攻南唐，取江北而控制南方各国，再取后蜀和幽州，最后解决辽国边患的战略思想以及争取民心和避实击虚等建议，柴荣大多予以采纳，成功地发动了一系列统一兼并战争。后周显德二年（955）、显德三年（956）、显德四年（957），后周三度征伐南唐，皆胜，南唐自去帝号，割地请和。后周平定长江以北，得十四州、六十县。后周又谋取攻蜀，显德二年（955）大败后蜀，取秦、成、阶、凤四州。显德六年（959），柴荣以辽国未逐，决意北伐。后周屡败辽师，兵不血刃而取燕南之地，柴荣于此役染病班师，旋即病逝，未能完成一统大业。柴荣在位六年，多有仁政惠民，不仅减免苛政，而且在大兵过后，淮南大饥时，还命贷米与淮南饥民。柴荣一生致力于统一大业，使民众免遭刀兵之苦。但终未竟其志，为其最大的遗憾。后周传三帝，历十年。

陈 桥 兵 变

后周显德六年（959），周世宗柴荣病死，柴宗训即位是为恭帝。恭帝年幼，不能处朝政，殿前都点检、归德军节度使赵匡胤乘机掌握兵权。第二年（960）元旦，朝廷接到边境谎报契丹和北汉发兵南下，匆忙派赵匡胤统兵北上。大军行至陈桥驿时，赵匡胤之弟赵匡义和幕僚赵普策划将士发动哗变，声称愿意奉赵匡胤为天子。赵匡胤故作辞让，将士们把一件黄袍加在赵匡胤的身上，拥立他为皇帝。赵匡胤随即带着大军回师开封，逼迫恭帝禅位，轻易地夺取了后周的政权，改国号为“宋”，建立了北宋王朝（960—1127），史称“陈桥兵变”。赵匡胤取后周而代之，引起地方势力的极大不满，昭义节度使李筠和淮南节度使李重进先后起兵，赵匡胤两次亲征，消灭了二李，同时也震慑了其他藩镇势力，巩固了新生的政权。

杯酒释兵权

北宋建隆二年（961）七月，某日晚朝结束，宋太祖令百官退朝之后，单独留下石守信、高怀德、王审琦等手握重兵的禁兵将领，并于后殿摆酒相邀，叙谈兄弟情分，气氛很是融洽。酒酣耳热之际，宋太祖却唉声叹气、满脸愁苦的样子，石守信等人大为不解，忙问原由，宋太祖叹息说：“没有你们拥戴，我也当不上天子！可这天子也不是好当的呀，真不如当节度使快乐，我没有一个晚上能睡个安稳觉！”石守信他们忙问为什么。宋太祖说：“人哪有不贪图富贵的，我这个位置，有谁不想坐！”石守信等人大惊失色，忙说：“陛下怎么说起这样的话呢？现在天命已定，谁敢再有异心！”宋太祖说：“你们虽然没有异心，但你们手下的人如果贪图富贵，有一天突然也给你来个黄袍加身，那时你们就是不想做，办得到吗？”石守信等人听了宋太祖这番话，已经明白了皇帝的意思，全都离席跪倒叩头道：“我们实在愚蠢，没想到这一点，千万请陛下可怜我们，给我们指一条生路。”宋太祖说：“人生就像白驹过隙，转瞬即逝，不过要多积些金钱，多买些良田美宅留给子孙，朝歌夜舞颐养天年，岂不快乐，我们君臣之间两无嫌隙，这样岂不是都好吗？”石守信等人恍然大悟，都欢喜道：“陛下为我们想得如此周到，真是形同再造，敢不从命。”

第二天早朝，这些手握重兵的将领一同上书称病，要求辞职。宋太祖果然履行自己的诺言，赏赐他们许多金钱良田美宅，收回他们的兵权，只给他们挂个各地节度使的虚衔。这就是历史上著名的“杯酒释兵权”。此后，中央集权大大加强。

澶渊之盟

澶州之战后，形势对宋十分有利。但宋朝君臣颇多厌战，辽入宋境后亦多处失利，双方均有和意。几经交涉，双方于景德元年（1004）十二月订立盟约，主要内容是：宋辽维持旧疆，约为兄弟之国；宋每年送辽国银十万两，绢二十万匹，称为“岁币”；沿边城市只能依旧完葺，不许增修城堡及开挖河道等。因澶州又称澶渊，故这次盟约被称为“澶渊之盟”。澶渊之盟的签订，宋辽战事基本结束，边境地区趋于平静，使两国的人民都免遭刀兵之灾。

王安石变法

王安石（1021—1086），字介甫，号半山，江西临川（今江西抚州）人，我国古代杰出的政治家、改革家。王安石出生的时期正值北宋中期，尽管政治清明，百姓生活比较安定，但仍存有一定弊端。嘉 三年（1058），王安石在《上仁宗皇帝言事书》中提出了他的改革主张。治平四年（1067）正月，宋神宗赵顼即位。神宗立志革新，熙宁元年（1068）四月，召“负天下大名三十余年”的王安石入京，用为参知政事，要依靠他来变法立制，富国强兵，改变积贫积弱的现状。并设置三司条例司作为领导变法的机构。从熙宁二年到熙宁九年（1076）的八年内，王安石围绕富国强兵这一目标，对北宋社会积弊进行了大胆的改革。陆续实行了均输、青苗、农田水利、募役、市易、免役、方田均税、将兵、保甲、保马等新法。王安石变法以“富国强兵”为目标，从新法实施，到守旧派废罢新法，前后将近十五年时间。在此期间，每项新法在推行后，基本上收到了预期的效果，使豪强兼并和高利贷活动受到了一些限制，使中上级官员及皇室减少了一些特权，而乡村上户地主和下户自耕农则减轻了部分差役和赋税负担，封建国家也加强了对直接生产者的统治，增加了财政收入。各项新法或多或少地触犯了中上级官员、皇室、豪强和高利贷者的利益，最终被罢废。王安石变法的目的在于维护封建统治，客观上有利于社会进步。但由于历史局限性不可能使北宋从根本上摆脱封建危机。

徽宗即位

宋徽宗赵佶是宋神宗赵顼之子，哲宗赵煦之弟，北宋第八代皇帝，1100年至1125年在位。宋神宗在位的时候，赵佶一方面讨好皇后，一方面勤学书画，在大臣面前彬彬有礼，享有很高的声誉。元符三年（1100）正月初八，宋哲宗去世，赵佶如愿以偿即帝位，是为宋徽宗。宋徽宗在政治上腐败无能，在他统治期间，奸臣弄权，大兴土木，民不聊生。然而，在艺术上，宋徽宗能书善画，自创“瘦金体”书法，办画院、编画谱，为中国艺术发展做出了一定的贡献。宣和七年（1125），金兵南下，很快兵临开封城下，徽宗慌忙传位于钦宗，自称太上皇。靖康二年（1127），金兵攻破都城，徽宗与钦宗同为金朝所掳，押解北上，后死于金五国城（今黑龙江依兰）。

金朝建立

五代的时候，居住在黑龙江地区的靺鞨民族改称为女真族。其中有一部分迁移到东北地区的南部，发展比较快，称为“熟女真”；依然居住在黑龙江地区者，比较落后，称为“生女真”。生女真有数十部之多，其中最先进的是完颜部。当时，辽末代皇帝耶律延禧在位，荒淫暴虐，对女真人的勒索压迫极其凶狠。辽派驻东北的地方长官，到任后迫使女真各部奉献礼物，并肆意摊派，女真人不胜其骚扰。特别是所谓“银牌天使”，以钦差大臣名义到处敲诈，奸污妇女，更激起女真人的愤怒。徽宗政和三年（1113），阿骨打担任了女真部落联盟的酋长，阿骨打好弓箭，善骑射，有勇有谋，博得部众的拥护，他为了摆脱辽的统治，开始从事反抗辽朝奴役的斗争。阿骨打顺应了女真民族反抗奴役的要求，在宋政和四年（1114）秋，正式举起反辽的旗帜，带领少数军队先后在宁江州（今吉林扶余县东南）等地大败辽兵。接着，陆续攻占辽朝边境州县，军事力量更加强大。宋政和五年（1115），阿骨打称皇帝，国号“大金”，年号“收国”。定都会宁府（今黑龙江省阿城县南）。阿骨打称帝后，扩充和整顿了军队，推行了猛安谋克制度。猛安谋克原是女真人在氏族社会末期的部落组织，阿骨打对此加以发展。对归附部族的首领，一律给以猛安或谋克的称号，对其部众则和女真本部族战士一样进行军事编制，规定以三百户为一谋克，十谋克为一猛安。由于实行了兵民合一的制度，猛安谋克既是军事组织，又是地方行政组织。在其管辖之下的各户壮丁，平时从事生产，战时应征出战。这种兵农合一的制度，对金的经济发展和军事胜利起了重要作用。金还确立了“刑、赎并行”的简单法制，创制了女真文字。

阿骨打实行的一系列措施，使金很快强大起来，并为今后南进中原奠定了基础。

李纲坚守开封

靖康元年（1126）正月初三，金兵先锋攻破黄河渡口，进而向开封进军。消息传到京城，全城恐慌。宋徽宗仓皇出逃，宋钦宗的新朝廷人心慌乱，主战、主逃议论不一。钦宗当即任命李纲为尚书右丞兼东京留守，想让李纲为他守东京，而他自己逃往陕西避敌。李纲流着泪拼死请求，钦宗才答应不去陕西，留在东京。这样，京城人心逐渐安定下来。李纲临危受命，当即组织军民全力备战。与此同时，宋钦宗却忙于求和，以割地、赔款、留人质的条件求金人退兵。在李纲的指挥下，开封军队多次打退了金军的进攻，保卫了开封城，但金军并未退兵，开封城依然处于金军包围中，形势仍十分危急。此后，宋朝各地勤王援兵陆续来到京城，兵力达到二十多万，宋军在兵力总数和声势上均压倒金军，金军只好北撤，退守牟驼岗。后来，宋钦宗又与金军签署议和协议，开封之围才得以缓解。

靖康之变

北宋靖康元年（1126），金兵分东、西两路南侵。十一月，两路金军渡过黄河，北宋军队望风而退，举朝惊惶，被迫答应了金朝以黄河为界的退兵条件。但缓兵之计没有维持多久，两路金军陆续抵达汴京城下，城中宋军不过数万，京城危在旦夕，但城中军民的抗敌情绪十分高昂，请求作战的群众多达三十万人。而宋钦宗却亲往金营议降，答应了金人提出的巨额勒索的条件。靖康二年（1127）钦宗再赴金营时被扣押。北宋朝廷严令禁止军民的武装抗金。二月，金军下令废黜徽宗和钦宗二帝，北宋宣告灭亡。四月，金军掠夺了大量的财物，带着徽、钦二帝及宗室、大臣等三千多人撤离汴京北归。这就是“靖康之变”。

南宋建立

北宋靖康之变，金兵俘虏了徽、钦二帝，并将其及宗室、大臣一起押解北国，然后撤兵而还。宋徽宗第九个儿子康王赵构同年在南京(河南商丘)即位，改元建炎，是为宋高宗。随后朝廷南迁至临安(杭州)，南宋开始。南宋建国之初，高宗为了收买人心，起用抗战派李纲为相，进行抗金的斗争；同时他又担心战争胜利后宋钦宗会回来和他争夺皇位，于是又任命了一大批投降派的官僚居于要职。因此，在南宋初年抗金斗争中主战派与投降派之间的激烈斗争就开始了。以宋高宗为首的妥协投降派对李纲的抗金斗争百般阻挠，李纲入相仅七十五天即被罢免。1129 年金军发动了对南宋的第三次战争，宋高宗一路狂奔逃到了海上。南宋军民群起而抗金，次年金军北退。宋高宗从海上回到了临安。1138 年，临安正式成为南宋的都城。此后，东起淮水、西到秦岭的宋金战线逐渐地稳定下来。

岳飞抗金

靖康之难后，金兵不断南下，在金兵铁蹄的践踏下，百姓苦不堪言，抗金活动接连不断。岳飞和抗金名将宗泽、韩世忠等一道，站在抗金斗争的最前线。1139 年金军发动大规模的侵略战争，岳飞率领岳家军顽强反击，挺进中原。七月，岳飞和金兀术一万五千精锐骑兵相遇并发生激战，大败金兵，然后乘胜向朱仙镇进军。此次北伐中原，收复了颍昌、蔡州、陈州、郑州、郾城、朱仙镇，消灭了金军有生力量，南宋的抗金斗争发生了根本的转机。但是就在这关键时刻，宋高宗担心一旦中原收复，钦宗回国，他就难保皇位，因此与秦桧极力破坏抗金战争。他们首先令东西两线收兵，造成岳家军孤军突出的不利态势；然后以“孤军不可久留”为名，连下十二道金牌令岳飞班师。为了避免孤军被灭，岳飞被迫回师。回到临安以后，岳飞被以“莫须有”的罪名杀害。岳飞精忠报国，不屈不挠地坚持抗金战争，是一位杰出的英雄。

绍兴议和

绍兴七年（1137），金熙宗在完颜宗磐、完颜昌的建议下，下令取消伪齐政权，对南宋采取“以和议佐攻战”的斗争策略同时，派遣宋朝在金的使臣王伦回朝，向高宗诱降。高宗随即任命秦桧做右相，对金做投降的准备，并不顾抗战派将领反对，于绍兴九年（1139）与金订立和约。绍兴十年（1140），金朝突发政变，兀术一派掌握大权，撕毁和约，对南宋发动全面进攻。金兵入境，大敌当前，宋高宗虽想妥协苟安，形势已不得不战，于是下令抗金，但目的仍在以战求和，并无北上恢复的打算。同时又时刻担心战争的顺利发展，将帅权大，威胁朝廷。绍兴十一年（1141），高宗收回张浚、韩世忠、岳飞三大帅在外兵权。后来又杀害岳飞。十月，高宗派吏部侍郎魏良臣等使金，在宗弼面前“再三叩头，哀求甚切”，宗弼才准议和。十月，金派使臣萧毅到“江南抚谕”。规定投降条款：宋奉表称臣于金，金册宋主为皇帝，宋每年贡银绢各二十五万两、匹，称“岁贡”；金主生辰及元旦宋遣使致贺；东以淮水、西以大散关为界，宋割唐、邓二州，又割商（今陕西商县）、秦（今甘肃天水）之半予金。这就是“绍兴议和”。议和之后的二十年间，金国也遵守其承诺，没有再对江南进行大规模进攻，宋金两国人民基本安定，天下太平。

铁木真建国

蒙古族本是东胡语系室韦的一支。约1100年，蒙古草原上部落林立，并互相攻劫。经过长期的战争兼并，形成了塔塔儿、克烈、蒙占、蔑儿乞、乃蛮等五大部落，他们之间结怨很深，互相视为仇敌。雄据南方的金朝也已衰弱，为蒙古统一提供了有利条件。铁木真，出生于蒙古部孛儿只斤氏族的贵族家庭。少时其父也速该被仇人毒死，部属离散，他随寡母度日，屡遭艰险。后来投奔克烈部首领王罕，收集亡父旧部，逐渐恢复实力。宋淳熙十六年（1189）被推举为汗。宋宁宗嘉泰元年（1201）、二年，铁木真与王罕联兵战胜以札木合为首的蒙古高原十余部的联军，实力骤增。此后，他灭克烈部、乃蛮部，击溃蔑儿乞部，其他部落纷纷降附，由此统一了蒙古高原。1206 年，蒙古贵族在斡难河畔召开大聚会，推举铁木真为大汗，尊称成吉思汗，建立蒙古国。成吉思汗即位后，在整个蒙古高原普遍实行千户制，建立军事行政制度，并开始使用蒙古文字，确立了蒙古国的规模。

耶律阿保机建国

耶律阿保机出生于契丹族遥辇氏部落联盟中迭剌部。907 年，阿保机打败遥辇氏痕德堇可汗并取而代之成为契丹可汗。之后，他四处用兵，至 911 年契丹占有东到大海、南至白檀（今北京密云南）、西逾松漠（今内蒙古西拉木伦河、老哈河流域）、北抵潢水（今西拉木伦河）的广大区域。其后，契丹又多次对外战争，将其版图进一步扩大。916 年，阿保机称帝，建国“大契丹”，年号神册。辽朝自此建立。

西 夏 建 立

夏大庆三年（1038）十一月，元昊在兴庆府（今宁夏银川）即皇帝位，国号大夏，称始文英武兴法建礼仁孝皇帝，改元天授礼法延祚，以兴庆府为国都。又立文武百官。又令群臣奉册为其先祖上谥号：继迁谥曰神武皇帝，庙号太祖；德明谥曰光圣皇帝，庙号太宗。次年正月，元昊遣使以已称帝入告北宋。五月，又仿唐、宋制，定夏国朝仪。九月，元昊仿宋制始设尚书令，掌百官庶务，辖十六司分理。这时西夏已具有完备的官职制度。其时，夏国疆域东据黄河，西至玉门关（今甘肃敦煌西），南临萧关（今甘肃环县北），北抵大漠，共辖土方二万余里。

夏辽之战

天授礼法延祚五年（1042）三月，元昊请辽出兵攻宋，辽出兵但至幽州而不前，元昊甚为不满。翌年八月，西夏出兵助辽镇压了夹山部杲儿部族起义，而辽将所有掳获物据为已有，元昊对辽的怨恨益甚。十一月，元昊煽动辽统治下的山南党项各部及杲儿族叛辽附夏。天授礼法延祚七年（1044）四月，辽朝山西五部节度使屈烈等率部投夏，辽责令归还，夏不答应。五月，辽派兵讨伐叛辽的党项族，元昊出兵救援，斩杀辽招讨使萧普达等。辽兴宗大怒，从各地抽调十万大军，准备讨伐西夏。十月，辽分兵三路，对夏发起大规模进攻，在贺兰山北大败夏兵。元昊以缓兵之计，派人向辽谢罪，请辽退兵。北院枢密使萧惠说："夏人忘恩背盟，今天子亲临，大军并集，如若不将西夏一举征服，将来后悔莫及。"兴宗采纳了萧惠的意见，下令辽军向河曲（今内蒙古伊克昭盟境）进军。元昊退兵百里。每退三十里，都将方圆几十里的田园烧尽。辽军所到之处，人马无所食，元昊发起反攻，大败辽军于河曲，并俘虏萧胡睹等大臣数十人。此时，元昊又派人向辽请和，辽兴宗也无力再战，遂与夏讲和。

蒙古灭夏

夏蒙双方达成和解协议后，蒙古不断向西夏征兵，西夏因压力过重而不能按规定时日完成任务，因此惹怒了蒙古。光定七年（1217）十二月，蒙古军渡过黄河进攻西夏，逼近中兴府，神宗遵顼惊恐万状，将太子德任留在都城防守，自己匆忙逃到西凉，夏兵毫无抵抗之力，遂向蒙古请降。1123年，遵顼让位给德旺。德旺欲联合漠北未被蒙古征服的部落，共同抗击蒙古，不料消息走漏，被蒙古知悉，成吉思汗决定调集大军灭西夏。乾定元年（1224）九月，蒙古军攻陷银州，西夏数万人战死，夏将令塔海被俘后遇害。德旺表示愿意投降并派遣人质，蒙古于是退兵。乾定三年（1226）二月，成吉思汗又以西夏迟迟不纳人质为由，亲自率兵十万，攻入西夏，先后攻破黑水、兀刺海、沙州等州城。五月，蒙古军南下，接连攻陷肃州、甘州、西凉府。西夏的河西地区几乎全部丧失。七月，献宗德旺死。献宗的侄儿睍被拥立继位。八月，蒙古西路军抢占了黄河九渡，攻破应里。十月，蒙古东路军攻陷夏州。接着，蒙古军东西两路夹击西夏的政治和经济中心灵、兴地区。十一月，成吉思汗亲率大军围攻灵州，德任率领固守灵州的夏兵同蒙古军进行了殊死战斗，其激烈程度为蒙古军作战以来所少见。终因夏兵伤亡惨重而失败。灵州失陷。德任不屈被杀。宝义元年（1227）一月，蒙古军兵临城下，又发生强烈地震，房倒屋塌，瘟疫流行。末主睍走投无路，派遣使节请求成吉思汗宽限一个月便献城投降。七月，末主睍开城投降，结果被蒙古军所杀，历时一百九十年的西夏灭亡。

金灭北宋

金天会三年（1125）十月，金太宗完颜晟下诏伐宋。以完颜杲为都元帅，完颜宗翰为左副帅自西京攻太原，宗望为南京路都统自南京攻燕京。十二月，宗望率军在白河打败宋军，宋朝燕京守将郭药师等降金。次年正月，宋徽宗退位逃跑。钦宗即位派遣使臣向金朝求和。宗望提出割让太原、中山、真定三镇，派亲王作人质，宋朝对金称侄，宋钦宗全部接受，金兵回师。九月，宗翰率军攻陷太原，宋朝太原知府张孝纯在城破后降金。十二月，宗翰、宗望两军会合于开封城下，宋钦宗投降。天会五年（1127）四月，金军俘虏宋徽宗、宋钦宗以及大量人口、财物而归。北宋灭亡。之后，金与南宋又形成了对峙的局面。

成吉思汗统一蒙古

1206年，成吉思汗统一了蒙古草原，建立政权，被推为大汗，称成吉思汗。他名叫铁木真，1162年出生于蒙古孛儿只斤氏族。曾祖合不勒统一了蒙古尼伦各部。铁木真二十八岁时继其叔祖忽图剌和父亲也速该为尼伦部的首领。

铁木真即汗位后，首先整顿了部落的组织形式，为巩固自己的权力和地位，把整顿部落的组织形式作为首要任务。内部稳定后，面对依旧四分五裂的蒙古大草原，便开始了统一蒙古各部的征战。

铁木真联合金朝平定了害死他父亲的塔塔儿部的叛乱，此事一举两得，既报了家仇，又被金国封为招讨官。又与克列部首领脱里王汗配合，先后打败了乃蛮人、乞剌人和以札木合为首的十一个部落的联合进攻。于是，铁木真的势力日益强大。

铁木真与克列部脱里王罕联合作战，取得几次胜利后，希望通过联姻使关系更密切。而王罕在狂妄自大的儿子桑昆的挑拨下，不仅借故推托联姻，反而阴谋以毒酒来杀害铁木真。铁木真一边积极备战，一边派使者谴责脱里王罕的不义行为，并乘其不备，发动进攻，彻底打败了势力强大的克列部，征服了蒙古西部。此后二十年中，铁木真一直在征伐中度过，到 1205 年，统一了蒙古各部。1206 年，铁木真在斡难河畔举行大会。会上，各部落首领共推铁木真为全蒙古的大汗，即皇帝位，上尊号“成吉思汗”。

成吉思汗统一蒙古后，强大的国力使他逐渐产生了称霸世界的雄心。1211 年至 1215 年间，成吉思汗首先发动了对金的战争，占领了金国河东的广阔土地。

1219 年，成吉思汗亲率大军征服中亚大国花剌子模国。蒙军前锋又越过印度河，西进至底格里斯河下游，又进入东欧，侵占了俄罗斯的东南部。最终因水土不服且不适应当地气候而班师回朝。

1226 年，成吉思汗出兵征讨西夏，占领了西夏大片领土。

1227 年，长年在外征战的成吉思汗积劳成疾，病故于清水县行营。其子窝阔台即大汗位。窝阔台按照成吉思汗的遗嘱，向南宋借路，继而包围了金朝都城开封。1233 年，蒙古军攻下开封，金哀宗逃到蔡州（今河南汝南）。蒙古与南宋联合对蔡州进行围攻。1234 年，金朝在蒙、宋两军夹攻之下灭亡。

忽必烈称帝

1259 年蒙哥汗死于钓鱼城之战，因逝世突然而未留遗诏指定汗位继承人。蒙古朝廷中一部分势力遂欲立留守漠北的阿里不哥为汗，另一部分则拥护忽必烈。忽必烈在大臣的建议下与宋议和，然后迎蒙哥汗灵舆，收皇帝玺，班师北还。1260 年，忽必烈在其漠南基地开平召开了一个突破传统的忽里勒台会议，与会诸王一致推举忽必烈为“合罕”。忽必烈水到渠成地继承汗位并称帝，是为元世祖，改元中统。

英宗新政

延　七年(1320)正月，元仁宗于大都光天宫病逝，时年三十六岁，皇太子硕德八剌即位，是为元英宗。鉴于元世祖忽必烈以来长期形成的政治腐败、经济凋零的残破局面，英宗决心励精图治，改革政治。至治二年（1322），保守派的代表太皇太后和右丞相铁木迭儿先后死去，英宗抓住时机，升任拜住为中书右丞相，开始推行新政。新政的主要内容包括：全面升任汉人官僚，录用儒士；裁撤机构，减汰冗官冗职；推行助役之法，减轻徭役；颁布新律法《大元通制》等。英宗新政的目的是为了改革积弊，企图以此开创一个“国富民足”的政治局面，但新政触犯了保守的蒙古贵族的利益，引起了他们的强烈反对。仅几个月后，新政便因英宗遇刺身亡而结束。

元朝灭亡

至正二十七年（1367）十月，为彻底推翻元朝的统治，朱元璋派徐达、常遇春率军二十五万北伐。在发布的讨元檄文中，朱元璋提出“驱逐胡虏，恢复中华”的口号；同时又表示，蒙古、色目人“愿为臣民者，与中华之人抚养无异”。北伐军先占山东，入河南，又克陕州，扼潼关。然后主力沿运河北进。洪武元年（1368）七月底，大势已去的元顺帝只好北逃至上都。八月初，明军攻占大都，元朝宣告灭亡。

明朝建立

朱元璋（1328—1398），他早年的时候就参加了红巾军，1355年升任都元帅。1356年，他率大军攻占集庆（南京），改为应天府，并以此为根据地，迅速向皖南、两浙地区发展，陆续攻占了常州、江阴、徽州、扬州、建德等地，进一步扩大自己的势力。他十分注意招揽人才，许多名士都投奔到他的麾下。1357年，攻占徽州以后，朱元璋采纳了谋士“高筑墙，广积粮，缓称王”的建议，注意巩固后方。至正二十三年（1363）四月，朱元璋在鄱阳湖大败陈友谅。1364年正月，朱元璋接受部下“劝进”，即位称王。1365年，朱元璋对张士诚发动战争，次年九月俘虏了张士诚。1367年，朱元璋派二十五万大军北伐，开始了灭亡元朝的计划。他在战斗檄文中提出了“驱逐胡虏，恢复中华”的口号。1368年正月，朱元璋在应天即位称帝，国号大明，建元洪武，他就是明太祖。同年八月攻占大都，元朝灭亡。在此后，又经过二十年的南征北战，彻底统一了中国。

建立锦衣卫

明朝刚刚成立时，皇帝侍从的权力机构为仪鸾司。

明洪武十五年（1382）四月，明太祖朱元璋废除仪鸾司，改设锦衣卫。先前仪鸾司只是替皇帝掌理仪仗的普通侍卫机构，改为锦衣卫后，权力大增，除掌管侍卫职权外，还有巡察缉捕和审理诏狱的权力，实际上是明朝设立的职业特务组织。锦衣卫属下的镇抚司承办由皇帝命令查办的案件，审讯用刑极为残酷，痛楚往往十倍于官刑。洪武二十年（1387），朱元璋下令焚毁锦衣卫刑具，所押囚犯也由刑部审理，同时下令内外狱都归三法司审理，废除了锦衣卫。到明成祖时，又恢复了锦衣卫，又命令北镇司专门负责处理诏狱。

建文削藩

建文帝朱允炆尚未登基之时，他就对诸位皇叔手中的权力深感忧虑，曾与伴读老师黄子澄定削夺诸王权力之计。即位之后，朱允炆开始与大臣齐泰、黄子澄一同策划削藩之策。齐泰认为先从燕王朱棣下手，而黄子澄则认为应先从周王朱橚下手。最后，朱允炆采纳了黄子澄的建议。洪武三十一年（1398）八月，朱允炆命曹国公李景隆领兵包围开封，将周王逮捕至京，废为庶人，革去王爵，迁徙至云南。随后又以伪造钞币和擅自杀人的罪名，遣使逮捕湘王朱柏，朱柏闻讯，自焚而死。接着召齐王朱榑进京，废为庶人，囚于京师。此后对代王朱桂、岷王朱楩亦如法炮制，都削去王爵，废为庶人。解决周、湘、齐、代、岷五王，前后不到一年时间，建文帝的削藩之策进行得雷厉风行。

靖难之役

建文元年（1399）七月，建文帝朱允炆按削藩计划准备削夺燕王时，燕王朱棣决定先下手为强。本月五日，燕王聚集将士，誓师起兵，以“清君侧”“诛奸臣”为名，自称“奉天靖难”。建文帝闻知朱棣在北平举兵反叛，急命年过古稀的老将耿炳文为大将军，带领大军三十万伐燕，从此，长达四年之久的“靖难之役”展开。1402年，“靖难之役”以燕王胜利而告终，燕王朱棣带着他的数十万大军打进了南京城，建文帝在混乱中不知所终。建文四年（1402）六月十七日，燕王朱棣即皇帝位，是为明成祖。

郑和下西洋

郑和，本来是燕王府的一名太监。后来燕王举兵发动“靖难之役”时，随朱棣南征北战，立下战功，很受燕王赏识。朱棣即位，赐他郑姓。明成祖为向海外宣示明朝的强大，让海外西洋各国纷纷来中国朝贡，于是派郑和于永乐三年（1405）率庞大的船队，第一次出使西洋。船队规模之宏大，船种之齐全，船员之齐备，均为当时世界航海之最。据载，船队共有船只二百零八艘，其中大船六十二艘，小船一百四十六艘。有战舰，有供应船。船员来自各行各业，有官兵、水手、翻译、商人、医生、教师、工匠等五行八作的人，计有二万七千八百人。他们所带的物品，包括粮食、药品、淡水、盐酱、茶油、烛柴等，应有尽有。所带的货物，包括丝绸、绢缎、瓷器、水银、麝香、米谷、雨伞、草席、铁器、铜器等几十种，一应俱全。同时，还带了许多稀奇的珍宝。这次航行充满了艰难险阻，但是他们胜利地完成了任务。船队最远抵达印度半岛。每到一国，郑和便宣示明成祖诏书，赏赐金币。永乐五年（1407），经两年多的航行，顺利地回到了祖国。在1405年至1433年的二十八年间，郑和七次出使西洋，到达了三十多个国家，并与这些国家在各方面都进行了交流，加强了往来。郑和下西洋无论在大规模的海外贸易上，还是在航海史上，对中国，对世界都有非常深远的意义。

迁都北京

朱元璋称帝建立明朝之后，将应天府（今南京）定为都城，并命其四子朱棣为燕王，以北平为藩邸，负责抵御长城以北元军的进犯。靖难之役以后，朱棣即帝位，为了加强北部和东北部的边防，改北平为北京，并设立行政六部。永乐四年（1406），下诏在北京修建宫殿。1409年以后，为了全力组织对于蒙古军的进攻，让太子驻守南京监国，自己率兵长驻于北京。永乐十八年（1420），北京的宫殿正式建成。当年九月，明成祖下诏宣布第二年改京师应天府为南京，而以北京为京师。永乐十九年，明朝正式迁都北京。明朝两京制的格局形成，北京逐渐成为全国的政治、军事中心，既可以就近指挥长城一线的军事防御，又能加强对于东北地区的控制，巩固了明王朝的统一。

仁宣之治

明成祖之后，仁宗朱高炽、宣宗朱瞻基父子承继了洪武、永乐开国创业的基础，采取了一系列休养生息、巩固社会安定的措施。仁宗、宣宗都注意节俭。仁宣时期，皇帝在任用人才上颇为注意。仁、宣两代又重视体恤民情，当时河南、山东、江南屡次发生灾荒，皇帝都下令免除租税，并给予大量赈济。在这段时期，明朝社会比较安定，人民也比较富裕，史称“仁宣之治”。

土木堡之役

在明朝，每个皇帝对大臣都有所猜疑，而对身边的宦官却十分宠幸。因此，宦官的权力就愈来愈大。明宣宗时，连皇帝批阅奏章，也交由宦官代劳了。

明成祖永乐年间，蔚州（今河北蔚县）有一个叫王振的读书人，年轻时参加过几次科举考试，都未及第，只好在县里当了教书先生。后因犯罪又害怕被充军，又值皇宫要招收一批太监，于是，就自愿进宫当了太监。因为王振识字，所以，太监们都尊称他为王先生。后来，明宣宗又派他教太子朱祁镇读书。朱祁镇贪玩，王振就千方百计逢迎他，让他玩得痛快。

1435年，明宣宗死，刚满九岁的太子朱祁镇即位，他就是明英宗。明英宗以王振为司礼监，帮助他批阅奏章。明英宗年幼贪玩，不理朝政，于是，王振乘机攫取了朝廷军政大权。朝廷大员谁要是冒犯王振，不被撤职，就被充军。一些王公贵戚也都得讨好王振，称他“翁父”。

1449年，北方的蒙古族瓦剌部已经强大起来。瓦剌首领也先派三千名使者到北京进贡马匹，索要赏金。这种“进贡”与“赏赐”关系实际上是一种贸易关系。当属国强大，而中原衰弱时，就成为强买强卖的勒索手段。王振发现也先谎报了人数，而且还减少了进贡马匹的数量，就削减了赏金。也先为他的儿子向明朝求婚，也被王振拒绝。也先被激怒，就以此为借口，率领瓦剌骑兵进攻大同。大同的明将出兵抵抗，被瓦剌军打得溃不成军。

明英宗接到边境告急，不知所措，忙向王振问计。王振考虑大同离他的家乡蔚州不远，而他在蔚州有大批田产，怕家业受到损失，便竭力主张英宗御驾亲征。兵部尚书邝野和侍郎于谦等认为朝廷准备不足，不宜亲征。明英宗没有主见，唯王振是听，于是，不顾大臣劝谏决定亲征。

七月，明英宗命他的弟弟郕王朱祁钰和于谦留守北京，自己带领王振、邝野等一百余名官员、五十万大军从北京出发，开往大同。

明军前锋刚到大同城边就被瓦剌军打得全军覆没，随后，各路明军也被打得大败。八月十四日，明军溃退到土木堡（今河北怀来东）时，太阳刚落下，有大臣建议赶到不远的怀来城（今河北怀来）再休息，即使瓦剌军来了，也可以坚守。可是王振却想着落在后面装运他家财产的几千辆车子，硬要大军在土木堡停下来。土木堡虽名“堡”，其实并无城堡可守。八月十五日，明军遭到瓦剌军的袭击。明军毫无斗志，丢盔弃甲，狂奔乱逃。瓦剌军紧紧追赶，被杀和被乱兵踩死的明军，不计其数，邝野被乱军杀死，怒不可遏的禁军将领樊忠，用铁锤将王振打死，铲除了这个祸国殃民的家伙。最终，明英宗被俘。这就是“土木之变”。

于谦保卫北京

1449 年，明英宗被瓦剌也先军俘虏，消息传到北京，满朝文武大臣束手无策，群龙无首。这时，翰林侍讲官徐理主张向南撤退。兵部侍郎于谦却挺身而出，以宋南渡灭亡为例，主张应坚守京师。

于谦的主张不但得到许多大臣的赞同，而且，皇太后和朱祁钰认为在这国家危难时刻，能有像于谦这样的忠臣站出来力挽狂澜，也非常高兴。皇太后立刻任于谦为兵部尚书，负责指挥军民守城。

当时朝臣主战主和分立，由于英宗不能回朝导致了朝政混乱。于是，于谦等人为了拯救国家，向皇太后奏请立郕王朱祁钰为皇帝。

太后赞成。九月，朱祁钰即位，号代宗皇帝，改年号为景泰，尊英宗为“太上皇”。

景泰元年（1450）九月，瓦剌军进逼宣府城。于谦针对敌众我寡的形势，下令征募新兵，调运粮草，赶制兵器，加强城防。不足一月，他就征集了二十万人马，做好了一切战备。

十月，也先挟持着被俘的皇帝朱祁镇攻破紫荆关，大军逼近北京城。于谦主张先挫败也先的锐气，以鼓舞守城军民的士气。他调集二十二万军队，做了周密布置：都督王通、副都御史杨善率部守城，其余将士分别驻扎在九个城门外，列阵待敌。

明军副总兵高礼在彰义门外首战告捷，歼敌数百，夺回民众千人。狡猾的也先看硬攻不行，便以送还朱祁镇为名，企图诱杀于谦等人。这一阴谋又被于谦识破。

也先见用计不成，又采取强攻。于谦派骑兵佯攻，将敌军引入伏击圈内，用埋伏好的火炮轰击，瓦剌军伤亡惨重，也先的弟弟勃罗也命丧炮口。

与此同时，进攻居庸关的瓦剌军又遭守将罗通的顽强抵抗。也先怕被明军切断归路，忙挟持朱祁镇向良乡（今北京房山东）撤退。明军乘胜追击，大获全胜。也先带着残兵败将逃回塞外。

北京之战，使瓦剌军受到重挫，并引起了瓦剌内部的不和。自此，再没有进犯大明的能力了。

夺门之变

景泰八年(1457)正月，明代宗身患重病，原立皇太子朱见济已死，在皇位继承问题上，朝中大臣们无法取得一致意见。武清侯石亨深知代宗病体难以康复，为了保全自己的官位与富贵，就与太监曹吉祥、太常卿许彬、副都御史徐有贞等谋议拥立明英宗复位。正月十七日凌晨，石亨、徐有贞等人以四方边警为借口，命手下带兵入城加强防备，随后又前往南宫迎接明英宗至奉天殿升帝座，徐有贞向等待上朝的大臣们宣告太上皇已复位。明英宗命徐有贞掌管机务，次日加封为兵部尚书，将于谦、王文等逮捕入狱，后来杀害于、王等人。二十一日，明英宗宣布改景泰八年为天顺元年，封石亨为忠国公，明英宗复辟帝位遂告成功，这就是历史上的“夺门之变”。

设 置 西 厂

明永乐十八年（1420），明成祖迁都北京时，设置东厂，即专门的特务机构。成化十三年（1477 年）正月，明宪宗为进一步加强特务统治，又设立了一个西厂，由大太监汪直任提督。西厂缇骑远多于东厂，声势更在锦衣卫之上。汪直用锦衣卫百户韦瑛为心腹，屡兴大狱，三品以下的京官大臣，汪直都可擅自抄家逮问。当时，从京师到大江南北，西厂的校尉无所不在，大至军政要事，小至民间琐事，无不奏闻，弄得人心惶惶，官商不安。直到成化十八年（1482）三月，宪宗以东西二厂不宜并立为由，关闭了西厂。

戚继光抗倭

明朝中叶以后，政治日渐腐败，海防逐渐松弛。大明的东南沿海时常有日本海盗出没，他们不仅侵犯中国领土，还抢劫商旅，杀害百姓，无恶不作。人们把这些以日本浪人为主的海盗称作“倭寇”。

嘉靖年间，倭寇气焰十分嚣张，沿海人民深受其害。名将戚继光奉命抗倭。他招募农民和矿徒组成新军，严明纪律，并配以精良的战船和兵械，精心训练。针对南方多湖泽的地形和倭寇作战的特点，他创造出了“鸳鸯阵法”，即以十二人为一队，长短兵器配合，灵活作战。嘉靖四十年（1561），戚继光在浙江台州九战九捷，大败倭寇。第二年，福建告急，戚继光率军入闽，在兴化、横屿等地给进犯的倭寇以歼灭性的打击。第三年，他又和另一位抗倭名将俞大猷合力清除了广东的倭寇。最终平息了祸害多年的倭寇之患。

张居正改革

大学士张居正（1525—1582），明代著名政治家，字叔大，号太岳，湖广江陵县（今湖北江陵）人。隆庆六年（1572）七月，张居正结交宦官冯保辅助年幼的明神宗执掌朝政。冯、张掌权后，冯保主内廷，张居正主外，张居正也由此掌握了朝政大权。十二月十七日，张居正率讲官向明神宗进呈《帝鉴图说》，以图解形式对年幼的皇帝进行教育。为扭转嘉靖、隆庆以来军政腐败、财政空虚、民不聊生的局面，张居正以除旧布新、振纲除弊和富国强兵为宗旨，在整顿吏治、整饬边防、整顿经济、兴修水利等诸多方面进行了一系列的改革。经过十年的努力，张居正的改革措施多数得到实施并取得显著成效，但是他的改革却受到官僚地主的反对和抵制。万历十年（1582），张居正病死，改革也随之终止。

魏忠贤乱政

万历十七年（1589），魏忠贤入宫为太监，后得宠于熹宗。熹宗不喜欢过问朝政，魏忠贤乘隙为奸。他内结熹宗乳母客氏，外结阁臣，故势焰益张。天启三年（1623）冬，魏忠贤兼掌东厂，又以死党田尔耕掌锦衣卫，许显纯掌镇抚司，民间只要有人说话触及魏忠贤，那人必遭残杀。魏忠贤又大杀异己。东林党人和正直官僚或被矫诏下狱，迫害致死，或被罢官遣戍，朝署一空。魏忠贤专权使明朝统治更加腐朽，从而加速了明朝的灭亡。

萨尔浒大战

努尔哈赤以“七大恨”告天，正式叛明的第二年，即万历四十七年（1619）二月，明兵部左侍郎杨镐分兵四路，希望借此消灭后金。努尔哈赤侦知明军分布，集中八旗兵六万，先于萨尔浒（在今辽宁新宾西浑河南岸）击破明军西路杜松军三万，杜松战死；然后努尔哈赤乘胜回击明另一主将马林于飞劳山，明军溃败。杨镐得两路败报，急命李如柏、刘綎两军原地待命。此时刘綎已进军深入三百里至深河。努尔哈赤设计诱刘綎进入伏击圈，前后夹击，刘綎战死，全军覆没。萨尔浒大战后，后金与明的攻守之势发生了逆转，明朝从此在东北境内丧失了主动权。

袁崇焕宁远大捷

天启六年（1626）正月，努尔哈赤率兵十三万征明，开始进兵顺利，接连攻下锦州、松山、大小凌河、杏山、连山和塔山七城，进而围攻宁远，并致书明朝宁远守将袁崇焕要其投降。在敌军大兵压境，外无援兵的紧急关头，袁崇焕毫不畏惧，他和总兵满桂、副将朱梅、参将祖大寿等召集将士刺血誓师，固守宁远。明军把城外民众迁入城内，所遗住房全部烧毁，实行坚壁清野以待后金大军。努尔哈赤见袁崇焕不降，便指挥军队猛攻宁远，但明军枪炮、药罐、雷石齐下，死战不退。袁崇焕还令士兵以红衣大炮猛轰敌军，击毙不少后金士兵。后金军连续攻城两日都未攻下，努尔哈赤也被炮火击伤，最后只得解围而去。宁远之战是明金交战以来明军所获得的第一次大胜仗，它遏止了后金对关内的进攻，挫伤了后金军的锐气，稳固了明朝宁锦防线。

袁崇焕督师蓟辽

熊廷弼后，袁崇焕于天启年间镇守辽东。他在宁远之战、宁锦之战中指挥明军大败后金。崇祯元年（1628），袁崇焕以兵部尚书兼左副都御史，督师蓟、辽，仍镇宁远。二年，皇太极后金兵分道入龙井关、大安口，袁崇焕引兵入卫。皇太极越蓟州而西逼京师。袁崇焕引兵入护京师，屯兵广渠门，与后金兵交战，不分胜负。三年正月，皇太极设离间计，称袁崇焕与后金有密约，令所俘宦官知之，暗中纵其逃归，告于崇祯帝。崇祯帝深信不疑，逮袁崇焕下狱，磔于市。自此，明朝北方门户被后金打开。

皇太极称帝

天启六年（1626）正月，明与后金的宁远之役中，努尔哈赤负伤败回沈阳。八月，因痈疽发作，治疗无效而死。努尔哈赤生前曾规定后金国应实行八个和硕贝勒共议国政，不要立强有力者为主，而且努尔哈赤又没有留下立嗣的遗嘱，所以在他死后由谁继承汗位，便成为满洲贵族内部一个很尖锐的问题。皇太极是努尔哈赤第八个儿子，英勇善战，长于计谋，同时又得到势力强大的代善（努尔哈赤次子）父子的支持，因而最终被拥立为汗。同年九月一日，皇太极即后金汗位，改次年为天聪元年。皇太极即位以后，采取了一系列重大措施。他重新任命八旗大臣，规定八旗大臣的权限，扩大汗的权力，他调整满汉关系，使他治下的汉人各安本业。皇太极在改汗为帝之后不久，于崇德元年（1636）率兵征服了朝鲜，在消除了对明战争后顾之忧的同时，又扩充了自己的军事实力，巩固了自己的统治。

崇祯帝即位

天启七年（1627）八月，年仅二十三岁的明熹宗朱由校在乾清宫病逝，临终遗诏让其五弟，信王朱由检继承皇帝大位。朱由检是明光宗的第五子，万历三十八年（1610）生。朱由检当天傍晚入宫，第三天即皇帝位，诏明年为崇祯元年，这就是庄烈帝，历史上称他为思宗、毅宗等。朱由检即位后，把从魏忠贤手中收权作为其首要任务，只有这样，他才能成为真正有权的皇帝。而此时由于明熹宗早亡而失去了靠山的魏忠贤，虽然手中仍有相当势力，但不敢如以前那样骄横。九月，魏忠贤请辞东厂职，朱由检没有批准。十月以后，魏忠贤集团内部分化，有人弹劾魏忠贤之罪。朱由检不失时机地向魏忠贤开刀，他先是下令安置魏忠贤于凤阳，继而又下令逮捕。魏忠贤闻悉后自缢而死，朱由检从此真正地掌握了国家大权。

荷兰入侵台湾

崇祯十四年（1641），荷兰军队侵入我国台湾。

1600年，葡萄牙、西班牙海上霸主地位逐渐降低，而荷兰却迅速崛起，不久就打败了西班牙、葡萄牙等国，号称“海上马车夫”，掌控了海上霸权。继而把目光转向东方，企图用武力打开中国的大门。1601年，荷兰战舰开到广州沿海活动。1604年七月，侵占澎湖，当即被福建军民击败。1622年再次侵占澎湖，强迫居民修筑城堡，妄图久踞。1624年，在福建军民的反击下仓皇败走。

1641年，荷兰殖民军打败了台湾岛上的西班牙军队，逐步侵占了我国台湾。他们从台湾搜刮大量的粮食和糖，向人民强征人头税，掠夺农民的土地，把台湾同胞卖到爪哇当奴隶，激起台湾人民的不断反抗。

李自成建大顺

崇祯十七年（1644）春节，李自成正式宣布建国，改西安为西京，国号“大顺”，建元“永昌”。在西安李自成进一步完善了农民政权的中央机构，以天佑殿为最高行政机关，建立弘文馆、文谕院、直指使、谏议从政、统会等政府机构，继续推行“均田免赋”“割富济贫”等政策，安置流民，稳定物价，废除八股，等等。同时，李自成又敕令各营加紧练兵，积极备战。经过一系列军政措施，农民革命政权根基渐稳，于是起义军在李自成率领下，浩浩荡荡向明王朝都城北京进发。

崇祯帝自缢煤山

李自成在西京建立大顺政权后不久，就率领几十万兵马向北京进军，一路攻无不克。

崇祯十七年（1644）三月，大顺军会师北京城下。十七日，李自成亲自指挥大军围攻九门。十八日，大顺军将士架飞梯奋力攻城，越墙而入，攻占外城。此时，明太监曹化淳献彰义门投降。崇祯帝朱由检听到城破，立即命其三个儿子更衣出逃，逼周皇后自缢，剑砍长女乐安公主手臂，又杀妃嫔数人，然后换上便服，携太监王承恩等数十人，出东华门，企图出逃，但没成功，又返回宫内。十九日清晨，内城又被李自成攻破。崇祯亲自响钟召集百官，竟无一人响应，大势已去的崇祯帝与太监王承恩入内苑，自缢于煤山（今景山）寿皇亭树下，统治中国近三百年的明朝至此宣告灭亡。

清 军 入 关

1643年，皇太极死，其子福临即位，这就是清世祖顺治皇帝。由于福临年幼，由叔父睿亲王多尔衮辅政。崇祯十七年（1644）四月，清军由摄政王多尔衮率领，倾巢南下。当时李自成的农民起义军已经攻入了北京，推翻明朝，崇祯皇帝自缢。辽东总兵吴三桂率精锐部队南下进入山海关，并拒绝了李自成的招降。山海关依山临海，形势险要，是兵家必争的战略要地。双方在山海关发生激战，吴三桂兵败在即。四月十五日，清朝大军行进至翁后（今辽宁阜新附近），接到镇守山海关的明朝辽东总兵吴三桂的“乞师”书，立刻向山海关进军。

四月二十二日，清军疾驰至山海关，吴三桂引清军入关，正式投降了清朝。李自成寡不敌众，只好撤退。战略重地山海关大门洞开，清朝大军进入中原，取代了明朝对全国的统治。

清建都北京

清军攻占北京后，是否迁都于此成了统治集团需要解决的首要问题，在集团内部，各人意见不一，争论不休。以阿济格为首的反对派，主要以清兵入关太快、补给不足为由，反对迁都。而多尔衮从统一和管辖整个中国的总战略出发力主迁都，顺治元年（1644）六月，多尔衮终于统一诸王、贝勒、大臣的意见，决定建都燕京，派遣辅国公吞齐喀等携奏章迎驾。六月八日，顺治帝在告上帝文中宣布：接受多尔衮的奏请，“迁都定鼎，作京于燕”。八月二十日，顺治车驾自盛京启行，九月十九日至京师，自正阳门入宫。十月一日，顺治行定鼎登基礼，亲至南都，发布告祭天地文：“兹定鼎燕京，以绥中国”，宣布定都北京，并继续沿用“大清”国号，纪元顺治。清政权在关内的确立，在政治上也保障了今后能够最终统一全国。

扬州十日

明朝灭亡以后，南方的官僚地主建立了南明政权。顺治二年（1645）四月，清军进攻南明，兵围扬州。史可法在扬州督师，固守孤城。清军主帅多铎先后五次致书诱降，史可法都不为所动。清军猛烈攻城。史可法率领扬州军民浴血奋战七天七夜，大部分都壮烈牺牲。城破时史可法自刎未死被俘，多铎劝他归降，史可法说：“头可断，身不可屈！”慷慨就义。随后多铎放纵清兵大肆屠城，“十日不封刀”，发生了连续十天的扬州大屠杀。清兵在扬州城内烧杀抢掠，强奸妇女，无所不为。据《焚尸簿》记载，被杀害的汉人多达八十万，繁华的歌舞之地扬州都市顿时变成了人间地狱。

嘉定三屠

顺治二年（1645）六月，清军攻破南京，南明政权宣告灭亡。清军下达剃发令，命令江南人民在十日之内一律剃头，并严令“留头不留发，留发不留头”。江南百姓纷纷起而抗清。清嘉定知县强制剃发，起义即时爆发。百姓公推黄淳耀、侯峒曾出面领导抗清。原明降将李成栋率清兵猛攻，城中居民冒雨奋战，坚守不屈。清军用大炮轰城，始得攻入。侯峒曾投河死，黄淳耀自缢，城中无一人投降。李成栋下令屠城，杀害了城中三万多人而去。四散逃亡的民众再度聚集，又一次控制了嘉定。李成栋派遣部将徐元吉镇压，凡是抵抗的乡镇几乎被烧杀殆尽。此为嘉定第二屠。随后绿营把总吴之藩造反，李成栋又一次镇压，嘉定城再遭浩劫，城内城外又有两万多人被杀害。经过嘉定三屠，血腥的兽行终于镇压住了反抗的余波。

李自成死难

清军攻破北京后，李自成被迫率军撤出，一路退至西安。尽管当时起义军损失惨重，但并未伤及元气，在陕西及黄河一带尚有很强势力。可李自成等人在军事上不仅未做比较周密的部署，反而听信谋士牛金星的挑拨，诛杀李岩等大将，使大顺政权领导层出现了裂痕。

与此同时，清军分兵两路，一路由英王阿济格为靖远大将军，另一路则由豫王多铎为定国大将军，两军直扑西安，打算彻底消灭这支起义军。顺治二年（1645）五月，李自成率兵自陕西商洛山区退往湖北，驻扎在武昌。这时大顺军尚有部队五十余万，分为四十八部。清军又分水陆两路突然袭来，李自成乃由武昌退到湖北通山。五月四日，李自成率十八骑到通山县的九宫山一带阅视道路，突然遭到当地团练的袭击，李自成牺牲于乱刃之下，时李自成三十九岁。至此，李自成起义虽然推翻了明朝统治，最终还是以失败告终。

郑成功收复台湾

自明朝天启四年（1624）起，台湾就先后被西班牙和荷兰殖民者所统治。在东南沿海，郑成功所领导的“海上武装”始终是当地抗清的主要力量。随着全国性抗清高潮的低落，郑成功准备渡海登台，寻求新的抗清根据地。顺治十八年（1661）三月，郑成功率领两万五千名官兵，大小战船数百艘，从福建金门出发，经澎湖，抵达台湾西南沿海，在赤嵌城附近的禾寮港登陆，并率兵围攻赤嵌城。荷兰守军放弃赤嵌，退守台湾城负隅顽抗。郑成功切断了城内水源以及和外界的所有联系，同时派水师成功击退了荷兰的海上援军。八个月后，荷兰殖民者宣布投降。遭受殖民统治三十八年的台湾终于又回归了祖国。

康熙即位

顺治十八年（1661）正月，顺治帝福临病逝，临终前拟遗诏令其第三子玄烨即帝位，以第二年为康熙元年。议政大臣索尼、苏克萨哈、遏必隆、鳌拜四人辅政。

四位辅政大臣中以索尼年最长，位最尊。鳌拜有战功，又结党专权，同时又有遏必隆的支持。苏克萨哈在政治上无一定主张，且与索尼、鳌拜不和。索尼与鳌拜成为主要的决策者。

大臣受命辅政，帮助皇帝执掌国政，这在清太祖、太宗的旧制中是从来没有过的。四大臣辅政期间（顺治十八年至康熙六年），在仰法太祖、太宗的名义下，恢复了若干旧制，如废除十三衙门，废内阁复三院等；消灭了李来亨、郝摇旗等领导的夔东十三家军；并对江南汉人文士进行严格控制，贬抑汉官，也由此引发了一系列的事件。

康熙计除鳌拜

康熙六年（1667）春，四辅政大臣之首索尼带头奏请康熙帝亲政。七月七日，康熙亲御太和殿行亲政礼。尽管康熙已经亲政，但专制朝政的鳌拜竟丝毫不肯放权，而且变本加厉。康熙帝亲政以后，一方面不断给辅政大臣加官晋爵来稳住局势，一面在群臣中树立自己的威信，并暗中准备降伏鳌拜事宜。康熙八年（1669）五月十六日，鳌拜入见，康熙帝令侍卫将鳌拜擒获。同时，康熙帝命议政王大臣等逮捕鳌拜的十三名党羽，并下旨将鳌拜革职拘禁，抄没家产，鳌拜的众多党羽也得到不同程度的惩处，许多遭受鳌拜打击的官员得以平反昭雪。鳌拜被擒后，康熙帝真正实现了亲政，揭开了“康乾盛世”的序幕。

平定三藩

清军入关前，明朝的耿仲明、尚可喜和吴三桂等将领，先后投降清朝，成为镇压农民起义的先锋。清朝定都北京后封他们为藩王。吴三桂驻守云南，尚可喜驻守广东，耿仲明的后代驻守福建。三藩掌握重兵，割据称雄，威胁着国家的统一。三藩用人、用钱，吏部、户部不敢过问。三藩对地方任意掠取，不断扩充自己的实力。康熙十二年（1673）春，尚可喜首请归老辽东，而欲使其子尚之信继续留镇广东。康熙帝遂下命撤藩。撤藩之令既下，吴三桂首先于是年十一月杀云南巡抚朱国治反，自称“天下都招讨兵马大元帅”，蓄发，易衣冠，发布檄文，倡言“兴明讨虏”，呼清皇帝为满酋。吴三桂兵锋甚锐，一时响应者四起。康熙帝把湖南作为军事进攻的重点，又命岳乐由江西赴长沙，以夹攻湖南，以孤立吴三桂。陕西的王辅臣、福建的耿精忠、广东的尚之信先后投降清朝。康熙十七年（1678），吴三桂在衡州称帝，立国号周。建元昭武，大封诸将。不久病死，其势随即土崩瓦解。康熙二十年（1681）冬，清军进入云贵省城，吴三桂之孙吴世藩自杀。平定三藩后，清除了地方割据势力，维护了国家统一。

统一台湾

三藩之乱过后，清朝大陆上基本实现了安定、统一，于是清政府开始着手解决台湾问题。此时郑成功已死，其子郑经与叔父郑袭为争权发生火并，局势混乱不堪，1681年，郑经死，其子郑克塽最后占据了权位。康熙二十二年（1683），福建水师提督施琅率领战舰二百多艘，兵士两万人，从福州出海，攻取了澎湖。郑克塽主动投降，清军顺利收复台湾。第二年，清朝在台湾设置台湾府，下设台湾、凤山、诸罗三个县，归于福建省管辖；并派兵万人驻防台湾。台湾府的设置，加强了台湾同大陆的联系，巩固了国家的海防。

雅克萨之战

雅克萨位于清朝的东北部，是从尼布楚方向和雅库次克方向进入黑龙江地区的水陆咽喉，自从被俄国占领后，成为俄军的一个重要据点。康熙二十四年（1685）正月，康熙帝决定派兵收复雅克萨城。六月二十二日，清军抵达雅克萨城下，康熙帝要求俄国方面撤出雅克萨，归还逃犯，以雅库（今雅库次克）为中俄边界，但俄方予以拒绝。二十四日，俄方援军赶到，清军将“神威无敌大将军”炮列在阵前，做好攻城准备。二十五日黎明，清军向雅克萨发动进击，俄军惨败。这天夜里，清军水陆并进，经过一昼夜激烈战斗，俄军伤亡惨重，只好出城乞降，并发誓不再回到雅克萨城。这样，由满、汉、蒙、达斡尔等民族组成的清军，在边疆各少数民族人民的支持下，攻克了被俄军侵略占据了二十年之久的雅克萨城。康熙二十八年（1689）七月二十四日，中俄两国签定了《尼布楚条约》，从法律上肯定了黑龙江和乌苏里江流域是中国的领土，使中俄东段边界维持了近二百年较为稳定的局面，也促进了两国贸易的发展。

三征噶尔丹

康熙二十九年（1690）和康熙三十五年（1696），康熙帝通过两次亲征蒙古噶尔丹后，噶尔丹部已元气大伤，陷于灭亡的绝境。但噶尔丹仍试图作垂死挣扎。为此，康熙三十六年（1697）二月，康熙帝又一次亲征噶尔丹，率军西渡黄河进至宁夏。康熙帝亲自部署军事，命马思哈、费扬古出贺兰山，萨布素往克鲁伦河，两路进兵。而此时，噶尔丹的倒行逆施和残酷搜刮，早已激起各族人民的愤慨。噶尔丹的部属也分崩离析，纷纷向清政府投诚，并积极担任向导，带领清军深入平叛。噶尔丹的侄子策妄阿拉布坦配合清政府的进攻，在阿尔泰山设伏，准备捉住噶尔丹献给朝廷立功。闰三月九日，康熙帝命孙思克和李林隆各率两千精兵分路搜剿噶尔丹。十三日，噶尔丹在绝望中服毒自杀。噶尔丹叛乱平定后，清政府即遣送喀尔喀各部重返自己原来的牧场休养生息，蒙古高原恢复了宁静。

雍正帝

康熙六十一年（1722）十一月十三日，康熙帝死，年六十九岁，在位六十一年。皇后弟、步军统领隆科多宣布遗诏命康熙第四子雍亲王胤禛即位。当天夜里，铁骑四出，京师戒备森严，隆科多等总理事务。二十日，雍亲王胤禛即位，即为世宗，改明年为雍正元年。

雍正帝即位后，为稳定政局，立即采取了一系列措施。命胤禩、胤祥与大学士马齐、尚书隆科多等总理国家事务。臣下启奏和谕旨传出均经四大臣，并封胤禩、胤祥为亲王。胤禩长期谋位，在朝中结党甚众。胤祥是雍正帝的拥护者。其次又召康熙帝十四子胤禵来京奔丧。胤禵是雍正帝的同母弟，自1718年受命为抚远大将军，讨伐准噶尔。上年五月，率师驻甘州，进至吐鲁番。十月，曾奉召回京。本年三月还军。康熙帝病死时，胤禵领重兵在外。雍正帝召胤禵回京守陵。雍正元年（1723）五月，胤禵被削除兵权，留居京师。本年十二月，雍正帝依宗人府奏，命兄弟同辈诸王的名字“胤”字均改为“允”，以别于皇帝名讳。雍正帝为消除康熙以来建储结党的积弊，雍正元年八月宣谕，亲自书写皇位继承人，密封匣内，放在乾清宫正中匾额之后。皇帝死后再取视继立，称为“密封建储”。此后，不再立太子，以消弭朋党。

文 字 狱

清朝时期，统治者为了更好地控制汉人，使其成为大清的顺民，在文化和思想上更加专制，并大兴文字狱。发生在康熙二年（1663）的庄氏史案就是著名一例。文字狱的大规模兴起是在康熙晚年。康熙五十年（1711），发生了《南山集》一案，其作者戴名世因为议论南明史事，用了南明诸帝的年号，被人告发而处斩，不少人遭到牵连。清朝最大的文字狱还是雍正年间的吕留良案，吕留良是清初著名学者，有强烈的民族意识。曾静接受了他的思想主张，于雍正四年（1726）上书川陕总督岳钟琪（岳飞后人），劝其举兵反清，被岳告发。吕留良被开棺戮尸，相关人员或死或流。此外著名的文字狱还有查嗣庭、胡中藻、王锡侯等案，其他文字狱则不胜枚举。文字狱的处罚惨无人道：死人开棺戮尸，活人凌迟、斩首或绞死，亲属遣戍，妇女入官为奴婢，等等。清朝这项大兴文字狱、对文化进行残酷钳制的政策，加固了其统治的同时，也使得读书人将聪明和智慧用在了文字、训诂等考证之类及八股文上面，阻碍了思想、文化的发展，严重影响了社会的进步。

乾隆帝即位

雍正十三年（1735）八月二十三日子时，雍正帝突然病故于圆明园。三日前，雍正帝还曾与军机大臣议过事，二十一日，突然患病。

二十二日夜，病情加剧，遗诏宝亲王弘历嗣位，庄亲王允禄、果亲王允礼、大学士鄂尔泰、张廷玉四人辅政。二十三日雍正帝去世，终年五十八岁，后谥宪皇帝，庙号世宗。雍正帝暴卒，原因不清，他自患病到辞世只有两天时间，甚至在患病前的一天还在处理公务。一说因中风而死；一说为剑客所刺，割去首级；一说服用丹药中毒而致命。终未能定论。九月份，灵柩安放雍和宫。乾隆二年（1737）三月，葬于易州泰陵地宫。雍正帝死后，内侍取出雍正元年（1723）所封诏书，等允禄、允礼、鄂尔泰、张廷玉各人到齐时始启封。弘历于是靠秘密立储和传位遗诏顺利即位。弘历为胤禛第四子，康熙五十年（1711）生于雍亲王府邸，雍正十一年封为和硕宝亲王。雍正十三年（1735）九月三日，弘历御太和殿，祭告天地、宗庙、社稷，布告天下，以次年为乾隆元年。

平定大小和卓木叛乱

清朝新疆南部地区，是少数民族维吾尔族的聚集区。乾隆二十二年（1757），他们的首领大小和卓木聚众为乱，公开反对朝廷。清廷派兵征讨，大挫叛军，和卓木兄弟逃遁。次年，叛军又将定边将军兆惠围困在黑水营，双方相持三个多月，才得解围。清军遂分路进兵攻讨。二十四年（1759），在伊西洱库之战中，叛军全军覆没，大小和卓木在逃亡途中被杀，叛乱遂平，从而也使清政府巩固了对天山南路的统治。

土尔扈特部回归祖国

明末年间，漠西蒙古土尔扈特部在不堪忍受准噶尔部的欺凌下，向西南方向迁移到伏尔加河下游地区。但是受沙俄势力向南扩张的影响，土尔扈特部逐渐被其控制和压迫。他们多次想重返故乡，均因路途遥远而未能成功。清朝建立以后，他们和清朝政府保持着密切的联系，多次奉表入贡以表对朝廷的归顺，受到清政府的盛情接待。乾隆三十六年（1771）一月，部族首领渥巴锡率领部族成员，和沙俄追堵部队进行了多次激烈的战斗，经过历时八个月的万里跋涉和斗争，终于胜利抵达伊犁。清朝政府对于土尔扈特部的重返家乡十分重视，安排他们仍驻故地，统辖于伊犁将军。乾隆皇帝还亲自接见了土尔扈特部一行人员，并作《土尔扈特部归顺记》和《优恤土尔扈特部众记》以纪念土尔扈特部的回归，为中国多民族国家的巩固和发展谱写了光辉的篇章。

大贪官和珅

和珅（1750—1799），字致斋，满洲正红旗人。乾隆三十七年（1772），二十三岁的和珅被任命为三等侍卫（正五品）。此后，和珅凭借乾隆帝的宠信，一路升迁，到乾隆四十一年（1776），和珅已经成为了清政府的军机大臣兼内务府总管。乾隆四十七年(1782)四月，御史钱沣上疏弹劾山东巡抚国泰贪赃枉法，导致府库空缺。乾隆帝命时任户部尚书的和珅会同左都御史刘墉、御史钱沣等前往山东勘巡抚国泰贪污案。由于和珅与国泰关系密切，因此极力袒护国泰。钱沣对此十分清楚，便提前数日微服至良乡，见和珅仆役骑马往山东送信，便记下送信人的特征，待他回来时，令左右搜其身，果然得到国泰写给和珅的私信，言及已借银填库备查等内情。钱沣立即将该书信上奏乾隆帝。和珅知预谋败泄，查办时不敢再懈怠徇情。七月八日，乾隆帝以国泰亏空库银二百余万两，命其在狱中自尽。和珅因此深恨钱沣，并于乾隆六十年（1795）将钱沣毒死。乾隆期间，和珅凭借乾隆对自己的宠信，不顾一切地侵吞财产，就连每年给朝廷贡奉的贡品也必须要先经和珅之手，然后再转入皇宫。在乾隆晚年，和珅不仅权倾朝野，更加贪婪无比，在最后封查和珅家产时，财富折合白银八亿两之巨，相当于朝廷十年的总收入。和珅大权在握，贪污腐化，清廷政纪开始废弛。因此，在当时的民间就有"和珅跌倒，嘉庆吃饱"的谚语。

全国性大禁教

在雍正、乾隆、嘉庆三朝时期，对康熙年间天主教的禁教活动推向高峰，经过雍正与乾隆两朝的种种打击，天主教活动从地上活动完全转为地下活动，虽然政府严厉打击，但这种活动依然很活跃。嘉庆帝即位后，由于白莲教等民间宗教对清朝政府威胁越来越大，朝廷将天主教也视为一种地下民间宗教，采取了更严厉的态度。终于在1805年掀起全国性的大禁教活动，清政府制定了稽查西洋教章程，明令禁止西洋人刻书传教，并且查办了多起涉及刻书、传教的案件，对涉事的西洋人和中国百姓处以拘禁、充军等刑罚。1811年又发生了一次全国性大教案，1812年发生了西藏齐马事件和贵州驱教案，1813年至1814年又在湖北、广东发生多次驱教案。由于天主教活动在国内已具有扎实的基础，所以在雍、乾、嘉三朝大规模的禁教之下，天主教仍然不能从中国彻底消灭和根除。至鸦片战争前，中国天主教徒达二十万以上。这说明，宗教作为一种文化现象，绝不是以行政方式或暴力手段所能消灭的。清政府在禁教的同时实行了"闭关"政策，断绝了中国与西方的联系，这又在一定程度上延缓了中国追随世界先进科技文明的步伐，加剧了中国社会的落后闭塞。

癸酉之变

嘉庆十八年九月，爆发了一次较大规模的农民起义“癸酉之变”，起义一开始，在全国各地都产生了强烈反响，震撼全国。嘉庆十八年（1813），天理教教徒在林清的领导下，以“奉天开道”为旗帜，于九月份发动起义。十五日，二百名天理教徒发动京城之变，起义军浴血奋战，直闯进朝廷重地，攻入紫禁城，但因为力量悬殊较大，在清政府的镇压下以失败告终。十七日林清被捕，清廷开始对大兴、通县一带的天理教众进行大肆搜捕，短短四天内就屠杀了七百余人。为响应林清的京城起义，直、鲁、豫三省的天理教徒在华北十几个州县先后起事，震惊朝野。可惜由于没有正确的作战纲领和较强的战斗力，在短短半年内便宣告失败，起义首领们都被处死。因1813年为癸酉年，故史称“癸酉之变”。这场由天理教发起的农民暴动震撼了华北大地。

平新疆叛乱

道光四年（1824）九月，张格尔在英国支持下，由浩罕入扰新疆南疆，举兵新疆。张格尔，大和卓布尔拉尼敦之孙，生于浩罕。张格尔图谋返回新疆，重振和卓家族。

九月，张格尔由浩罕入新疆喀什，攻卡伦。在马彦图的沉重打击下，张格尔退回，直到二年后，又发动新疆的叛乱。道光六年，张格尔再次率百余人，由开齐山路侵入中国境内，来到阿尔图什，拜其祖先大和卓之墓“玛杂”并据墓扎营，蛊惑维吾尔人叛乱。八月，张格尔率叛军连攻喀城、英吉沙尔、叶尔羌及和阗四城。清朝廷命令陕甘总督杨遇春和伊犁将军长龄督军于阿克苏进剿。道光七年（1827）二月六日，清军西出，一路势如破竹，在阿尔巴特、沙尔都尔、阿瓦巴特大败张格尔，三月收复喀什噶尔、英吉沙尔、叶尔羌、和阗四城。

十二月，张格尔在铁盖山被擒获，新疆始定。道光八年（1828）五月，张被解至京师处死。

虎门禁烟

自 1800 年初开始，鸦片开始大量传入中国。嘉庆五年，清政府下诏严禁鸦片输入，但由于英国鸦片贩子不断贿赂清朝政府官吏，里应外合，使得鸦片每年输入量仍然很大。鸦片泛滥给中国带来严重的后果，白银外流，人民健康受到严重威胁。道光十八年（1838），林则徐被任命为钦差大臣，于广州查禁鸦片。林则徐一到广州，马上实行禁烟措施。次年二月，林则徐传见广州“十三行”商人，斥责其见利忘义、为外国鸦片贩子效力的罪行。在两广总督邓廷桢的支持下，缉拿烟贩，整顿海防，限令外商交出鸦片，并保证绝不挟带鸦片。与此同时，林则徐在广东省内大力禁烟，共收缴外商鸦片两万多箱，合计重二百多万斤，此外还缉拿贩卖、吸食者一千六百多名，收缴烟枪四万余支。道光九年（1839）六月三日，林则徐下令在虎门海滩当众销毁鸦片。二百多万斤的鸦片被分别倒入两个十五丈见方的石灰池中，最后再利用海水将池中的残留物冲走，不留一点鸦片残渣，历时二十三天收缴的全部鸦片都被销毁。虎门销烟这一壮举，有力地打击了英国鸦片贩子的嚣张气焰，显示了中国人民反抗外国侵略的坚强决心和坚定意志。

第一次鸦片战争

英国在与中国进行贸易的过程中，向中国输入了大量鸦片，严重损害了中国百姓的身心健康和经济利益，引起中国朝野的严重关切和强烈不满。中国的禁烟消息传到英国，英国决定发动对中国的侵略战争。道光十九年(1839)十月，英国发动侵华战争，道光二十年(1840)六月，英军舰队侵入广东海域，封锁珠江口，正式挑起战争，直接向清政府施加军事压力。英军见林则徐戒备森严，决定攻陷浙江定海直逼天津。清廷害怕英军的侵略，将林则徐撤职查办，准备与英军谈判。谈判期间，英军于道光二十一年（1841）一月突然攻占虎门沙角和大角两处炮台。八月，英国进一步扩大侵华战争，陆续攻陷定海、镇海、宁波等地，随后进入长江，遭到爱国将士的顽强抵抗。在多处战局不利的情势下，清政府决定妥协。道光帝命耆英、伊里布在南京议和，并在1842年订立了中国近代史上第一个不平等条约——《南京条约》。

三元里抗英

道光二十一年（1841）五月末，英军闯到广州北郊三元里一带抢劫，受到三元里村人民强烈抗击。十九日，盘踞于耆定、四方炮台的英军窜到三元里打家劫舍，受到三元里人民的惩罚。当时，菜农韦绍光的妻子正在社坛拜神，英兵上前拦截调戏。村民见状，将侵略者团团围住，击毙数人，其余的侵略军狼狈逃回。随后，英军一千多人向三元里进攻，全村男女齐集三元古庙，相约以庙中三星旗为令旗，“旗进人进，旗退人退”，同时，联络附近各乡民众做好共同对付敌军的准备。三元里及附近一百零三乡的各阶层人民同英军在牛栏岗展开激战，英军死伤多人。次日，三元里人民又包围了四方炮台。英军求救于广州知府出面说情，才得以解围。三元里人民的抗英斗争是中国近代人民群众自发反抗外国侵略者规模较大的一次英勇斗争，表现了中国人民的志气和自强不屈的反抗精神。

中英《南京条约》

道光二十二年（1842）八月，在鸦片战争中失败的清政府，与英国政府签订了中国近代史上第一个不平等条约—《南京条约》。条约共分十三款，主要内容是：一、清朝政府开放广州、福州、厦门、宁波、上海等五处为通商口岸，准许英国派驻领事，英商及其家属可以在中国境内自由居住不受限制。二、清政府向英国赔款两千一百万银圆，其中六百万银圆赔偿被焚鸦片，一千二百万银圆赔偿英国军费，三百万银圆偿还商人债务。三、清朝政府将香港割让给英国。英国货物进出口关税须经两国协商。《南京条约》是中国历史上第一个丧权辱国的不平等条约，使得中国的主权受到侵害，领土被瓜分，中国在近代史上开始出现了接二连三的侵略战争，晚清的丧权辱国行为危害太大。在《南京条约》签订后，美国和法国趁火打劫，迫使中国政府签订了中美《望厦条约》和中法《黄埔条约》。

洪秀全拜上帝会

道光二十三年（1843），六月，洪秀全创立拜上帝会。洪秀全，广东花县人，自幼诵习经史，做过本村塾师，但屡试不中。在以失败告终的情形下，回家仔细研读了一本耶稣教士写的《劝世良言》。他从《劝世良言》中吸取了某些基督教教义，后洪秀全创拜上帝会，自行洗礼，毁弃塾中孔子牌位。道光二十四年，洪秀全同期同乡同学冯云山赴广西传教。八月，冯云山到荒僻的紫荆山区，进行了艰苦的组织和宣传工作。在当地贫苦农民中发展会员，使拜上帝会逐渐发展壮大。十月，洪秀全返回家乡，先后创作《原道救世歌》《原道醒世训》等，为拜上帝会完善理论依据。道光二十七年春，洪秀全来到广州，跟从美国传教士罗孝全学习《圣经》，在宗教仪式上有了更深的理解，并且将《圣经》中的思想吸收并取，因此被尊为拜上帝会的领袖。七月，洪秀全到紫荆山与冯云山会合。当时冯云山已发展会众三千多人，洪秀全于是和冯云山一起制定了拜上帝会仪式。道光二十九年，洪秀全、冯云山、杨秀清、萧朝贵、韦昌辉、石达开，组成了拜上帝会的领导核心，奠定了农民运动组织的基础。

葡萄牙强占澳门

道光二十九年（1849），澳门被葡萄牙殖民者悍然强占侵略。

明朝时，葡萄牙人就开始向中国渗透其势力，但澳门主权仍属中国。中国在此设同知和海关，管理澳门事务。

由于清政府在对外问题上一直处于妥协不反抗状态，助长了葡萄牙殖民者的嚣张气焰，并不断向清政府挑衅。道光二十九年四月二十五日，澳门葡萄牙官员以粤督拒其请裁海关设立广州领事为名，驱逐澳门同知，封闭海关，劫掠财物，借口停付按年交纳的租税，强占澳门的野心顿时显现。八月二十二日，清兵刺杀亚马勒事件反映出中葡对抗开始升级。狼狈为奸的英、美、法联合示威支持葡萄牙的所作所为，向清政府威胁提出抗议，清政府再次屈服，葡萄牙乘机强占澳门。

金田起义

咸丰元年（1851）一月十一日，洪秀全领导的拜上帝会在广西桂平金田村正式宣布起义。道光三十年（1850）六月，洪秀全认为武装斗争的时机已经成熟，向各地拜上帝会会众发布总动员令，命令务于十月一日以前到达金田村集中“团营”。参加太平天国武装起义的核心力量主要是各地的贫农、雇农，道光三十年十二月底在平南县思旺击溃清军，又同清军在金田附近的蔡江激战并取得胜利。两次胜仗，揭开了太平天国运动的序幕。这年十二月初十（阳历 1 月 11 日），这一日正是洪秀全三十八岁诞辰，杨秀清、萧朝贵、冯云山、韦昌辉、石达开、秦日昌、胡以晃等人领导拜上帝会众举行了热烈的祝寿盛典，并举行全体拜上帝仪式，宣布国号为太平天国，以次年（1851）为“太平天国”元年，正式宣布起义开始，拉开了反清的序幕，轰轰烈烈的太平天国革命运动从此在全国广泛地开展起来。

天京建都

金田起义后，太平军永安建制，并决定北伐，前后用了不到一年的时间，攻下南京，正式建立起一个与清王朝相对峙的农民政权。

在攻打全州的战斗中，南王冯云山中炮牺牲。六月十二日，太平军进入湖南，在东进郴州、北攻长沙时，西王萧朝贵又不幸遇难。太平军转经益阳，直取岳州，建立水营。然后水陆并进，向湖北挺进。

十二月下旬至次年一月，太平军相继攻克汉阳、汉口、武昌，军威大振，沿途杀逐官绅地主，烧田契，散粮物，加之军纪严明，秋毫无犯，大得人心，一时间从者如云，太平军很快发展成为一支十万人的强大武装力量。随后，太平军连下九江、安庆、芜湖，直逼南京城下。三月十九日，整个南京为太平军占领，此后，太平军定都南京，改名天京，使太平天国运动又向前发展壮大了一步。

曾国藩建湘军

太平军攻下武昌后，清朝政府一片恐慌，号召各地举办团练，发展地方武装力量，对抗太平军的起义，并希望用各地武装力量协助正规军抵制太平天国革命。

1853 年，母丧在家的曾国藩接到协助湖南巡抚办团练的上谕，奉命办理湖南团练。曾国藩总结了绿营旧制的弊端后，着手创建湘军，准备以书生领导乡民的方式创建一支新的武装力量。他在湖南极力网罗了一批具有“忠义血性”的农民入团，以读书人为长官，训练一支精干的团练武装，号称“湘勇”。同时为克服绿营世兵制的缺陷，曾国藩还实行募兵制，按照严格的标准来招募士兵，并编成陆师十五营，水师十营，官兵合计一万七千人，开始与太平军作战。曾国藩建立的湘军这一兵制体系，成为镇压太平天国运动中湘军的重要组成部分。但湘军统帅集兵、财及地方行政权于一身，使地方长官的势力大为增强，中央集权的削弱，使得湘军在建军原则上出现错误，埋下了日后军阀横行的祸根，也在一定程度上阻碍着中华军事文明在近代的发展。

亚罗号事件

咸丰六年（1856）九月初十日，广东水师在停泊于广州黄埔港的一只中国船“亚罗号”上，逮捕了两名海盗和十名有海盗嫌疑的水手。该船是一艘属于中国人所有的走私船，广东水师逮捕船上人员，本系中国内政，英国无权干涉，但英国驻广州领事巴夏礼为侵华战争制造借口，致函两广总督叶名琛，要求广州当局释放人犯，并造谣说中国水师扯落了船上所挂英国国旗，要求为此向英方道歉。当时船上并未悬挂英国国旗，叶名琛为避免事态扩大，向英方妥协，将所捕水手送交英国领事馆。但巴夏礼蓄意制造事端，本意原在挑衅，故意刁难，因而拒绝接受人犯。十月二十三日，英国侵华舰队闯入内河，攻占通向广州的水路炮台，点燃了第二次鸦片战争的战火。

天 京 事 变

太平天国定都天京后，洪秀全贪图享乐，不思进取，使得太平军在生活上也日益奢华。咸丰六年（1856），杨秀清假托天父下凡，直逼洪秀全交出大权。洪秀全一面答应其要求，一面密令北王韦昌辉和翼王石达开回京商议。韦昌辉先行一步，接密令，便马上率军回天京，于八月三日深夜迅围东王府，杀杨秀清及其家人侍从两万多人。八月中旬，石达开从湖北赶回天京，斥责韦昌辉杀人太多，韦大怒，又要杀石达开，石达开出城而走，韦昌辉又杀石达开全家。韦昌辉的滥杀，激起了天京太平军将士的愤怒，洪秀全接受将士们的请求，于十月杀死韦昌辉。十月底，石达开回天京，受命提理政务。但杨、韦事件后，洪秀全对石达开也不放心，于是封其兄洪仁发为发王，次兄洪仁达为福王，牵制石达开。咸丰七年（1857）五月，石达开愤而离京出走，带走数万太平军将士单独作战。天京事变，引发了太平天国内乱，严重削弱了其内部军事力量，成为太平天国由盛变衰的转折点。

第二次鸦片战争

咸丰六年（1856），英国与法国共同出兵，再次发起了侵略战争，历史上称作第二次鸦片战争。英国以“亚罗号事件”为借口，于九月二十五日进攻广州，咸丰七年（1857），法国以“马神甫事件”为借口，与英国组成英法联军，各率海陆军到达香港。十一月十四日攻陷广州，由于清军未做战争准备，广州失守。叶名琛被俘，后解往印度，死于加尔各答囚所。咸丰八年（1858）四月，联军北上，在大沽口登陆，攻陷天津，扬言进犯北京。清政府在无力抵抗的情形下，只得与英法两国议和。五月先后与四国签订了《天津条约》，随后，清政府又和英法等国签订了一系列不平等条约。

火烧圆明园

咸丰十年（1860），英法联军将被誉为“万园之园”的圆明园，恣意抢劫破坏并付之一炬。这是人类文明史上一次令人发指的暴行罪孽。

圆明园是清代最大的皇家园林。从1709年兴建到1860年焚毁，清政府花费了巨大的财力物力，一共经营了一百五十一年。圆明园、万春园、长春园三园是其组成部分，建筑风格也是继承了中国历代优秀的园林艺术，又大胆地吸收了西方的建筑成就，中西合璧，堪称园林艺术中的珍品。园中珍藏着大量的孤本秘籍、名人字画、鼎彝礼器、金珠珍品和铜瓷古玩，堪称人类文化宝库。

咸丰十年十月，英法联军占领北京以后，冲入圆明园。联军司令部下令可以“自由抢劫”，于是全园大乱，侵略军开始疯狂抢劫园内金银珠宝、珍贵文物。一万多名侵略官兵大肆抢掠和毁坏。背不走的，就用牲口和大车拉，或当场砸毁。十月十八日，三千五百名英军手持火把再次进入圆明园，这座世界上最壮观的皇家园林连同园内的三百多名太监、宫女和工匠被尽付一炬。火烧圆明园，是人类文化史上的一大浩劫。

辛 酉 政 变

咸丰十年（1860），英法联军侵犯北京，火烧圆明园，咸丰帝携带皇族逃往承德避暑山庄。七月，咸丰帝病危，遗诏立六岁的载淳为皇太子，任命载垣等八位大臣辅政，一切军政事务由辅政大臣处理。八月，咸丰帝病逝。皇后钮祜禄氏和懿贵妃、载淳生母叶赫那拉氏被尊为皇太后，徽号分别为慈安、慈禧。

慈禧太后一心想掌握朝政大权，便联合恭亲王奕䜣发动辛酉政变，八大臣或被处死或被革职。授命奕䜣为议政王。从此，两宫太后开始垂帘听政，而慈禧独掌晚清政权四十七年。

洋 务 运 动

第二次鸦片战争以后，清政府内部出现了顽固派和洋务派两个群体。洋务派在中央以奕䜣为代表，在地方上则以曾国藩、李鸿章、左宗棠、张之洞、沈葆桢、丁日昌等为主力。“洋务派”以“师夷长技以制夷”为思想，力主学习西方的先进生产技术，以富国强兵，“自强御侮”。1861 年，曾国藩创办安庆军械所，标志着洋务运动的开始，这是中国最早的近代军事工业。1872 年，李鸿章在上海开办轮船招商局，这是中国第一家近代轮船公司，也是洋务派兴办的第一家民用企业。洋务派建立了南洋、北洋和福建三支海军，以扩大海防需要。洋务派还举办了京师同文馆等一批新式学堂，培养人才，并分批派遣留学生出国深造。洋务运动引进了西方先进科技，使中国在军事、经济、教育等方面取得一定的发展成果，在客观上刺激了中国资本主义的发展。

左宗棠收复新疆

1865 年，新疆喀什噶尔封建主金相印趁清政府腐败无能之际，请中亚浩罕国国君入侵大清，浩罕大将阿古柏奉命率军侵入喀什。数年间，阿古柏占据了天山南北大部分地区，并于 1867 年成立“哲德沙尔国”（七城国），以沙俄和英国为后台，自立为汗。

左宗棠攻灭关内回民起义军后，积极准备收复新疆，这一主张得到了清廷的支持。光绪二年（1876）四月七日，左宗棠以钦差大臣身份从兰州进驻肃州，督办新疆军务，迈出了收复新疆的第一步。左军誓师出关，先攻北路。左部总统湘军虎将刘锦棠等连败白彦虎与阿古柏兵，收复乌鲁木齐等地，十一月，新疆北路全部收复。至光绪三年（1877）十月，清军收复新疆南路东四城（喀喇沙尔、库车、阿克苏、乌什）。至光绪四年（1878）一月，清军又肃清新疆南路西四城

（叶尔羌、英吉沙尔、喀什噶尔、和阗）之敌。至此，收复全疆，同时也维护了清朝的统一。

中法战争

1873 年，法国开始了对越南的侵占，直到 1882 年，越南正式成为了法国殖民地。之后，法军开始骚扰中国边境，威协中国南部边境。光绪十年（1884）五月，法国从海陆两路大举进攻中国，其海军舰队到达福建海域。八月二十三日，事先驶进福州马尾军港的法国舰队主力突然袭击泊于港内的福建海军。福建海军仓促应战，仅仅半个小时，福建海军军舰被击沉七艘，其余全部被毁，官兵死伤超过七百人。马尾海战惨败，朝野震惊，清政府随即对法宣战。国难当头，老将冯子材临危受命，率军赶赴广西前线对法作战。光绪十一年（1885）二月，法军兵分二路进攻镇南关，冯子材指挥军队进行激战，坚守关隘，法军久攻不入。两天后清军对法军发起总攻，取得镇南关大捷。正当前线大捷之时，清廷却没有乘胜追击，反而下令停战撤军，并在六月与法国在天津签订了《中法新约》。中法战争以中国不败而败、法国不胜而胜告终。

台湾建省

光绪十三年（1887）十一月一日，清廷正式将台湾改建为行省。

在清朝时期，台湾隶属于福建，设知府管理。随着宝岛台湾频繁为外国人窥伺、侵略，朝中有识之士遂提出在台湾设省的主张，以加强对台湾的管辖。尤其在中法战争期间，考虑到台湾极其重要的战略位置，左宗棠和刘铭传等都力陈建省以设防。光绪十三年，清廷改福建巡抚为台湾巡抚，刘铭传成为台湾第一任巡抚。同年十一月，清廷正式设立台湾行省，辖三府（台北、台湾、台南）一州（台东直隶州）五厅十一县。新首府设在台湾府，原台湾府改为台南府。这是中国历史上首次在台湾建省。自此，台湾政治地位大大提高，同时也促进了经济和文化的发展。

中日甲午战争

日本经过明治维新，国力大大增强，这也助长了其对外侵略的野心，并把中国和朝鲜定为其首要目标。1887 年，日本侵略中国的“征讨清国策”制订完毕。1894 年，朝鲜内乱，日本趁机入侵朝鲜，占领了仁川和汉城。以李鸿章为首的妥协派并不认真备战，而寄希望于帝国列强的“调停”。七月，日本攻入朝鲜王宫，成立了傀儡政权。七月十七日，日本正式做出了发动战争的决定，不久便不宣而战，对中国军队发动海陆两路袭击，中日甲午战争正式爆发。八月一日，清政府对日宣战。日军九月攻占平壤，随后向中国东北边境进犯。九月十七日，中日在黄海海面进行了激烈的海战。双方各有损失，中国主力尚存，但李鸿章却下令撤回军港，坐以待毙。十月下旬，日军分兵两路侵入东北，由于李鸿章的一再妥协卖国，日军毫不费力地攻占旅顺、大连，在旅顺进行了兽性的屠城，最后只留下三十六个人抬尸。光绪二十一年（1895）一月，日本向北洋舰队基地威海卫发起总攻，李鸿章经营了十几年的北洋舰队全军覆没。二月，日军迅速占领了辽东半岛。历时八个月的中日甲午战争最终以清政府惨败而告终。

孙中山上书李鸿章

光绪二十年（1894）六月，孙中山偕好友陆浩东经上海北上天津直隶总督衙门上书李鸿章，未获李接见。

孙中山在上书中提出了四项主张：一、人尽其才——办教育；二、地尽其利——办农政、农学，以机械代替牛马耕种，“耕耨有器”；三、物尽其用——使用各种机械以开发利用各种自然资源；四、货畅其流——撤销众多的关卡，实行保商之法，兴办轮船、铁路便利交通。

这四项被孙中山称为“富强之大经，治国之大本”的政治主张，因李鸿章的漠视而中途流产。

兴 中 会

1894年，在檀香山华侨的支持下，孙中山建立了中国第一个资产阶级革命团体——兴中会。在入会誓词中，孙中山明确提出了“驱除鞑虏，恢复中国，创立合众政府”的基本纲领。兴中会的成立，标志着中国资产阶级民主革命的正式开始。光绪二十一年（1895）一月，孙中山抵达香港，积极筹建革命组织。二月，兴中会总部在香港成立，增订组织章程，号召人们以革命手段救亡图存。同时，在广州设立分会，准备发动起义。但不料计划被人泄露，起义遭到破坏。孙中山被迫流亡国外。1905年，兴中会与华兴会、光复会组成中国同盟会。

公 车 上 书

光绪二十一年（1895）四月，中日《马关条约》签订，消息传到中国，立即遭到了全国人民的反对，反侵略、反投降的斗争再次掀起高潮。当时在北京应试的各省举人举行集会，公推康有为起草上皇帝万言书，签名的举人有一万三千多人。五月到都察院呈递。这就是著名的“公车上书”。康有为在上书中痛陈：割让辽东和台湾是列强瓜分中国的信号，亡国大祸即将临头，因此，拒和、迁都、练兵、变法是当前的正确对策。而变法以立国自强最为急务。公车上书是一次爱国知识分子的请愿活动，在社会上产生了巨大影响，标志着知识分子改良主义运动在中国的开始。

帝国主义瓜分中国

自 1890 年起，进入帝国主义阶段的西方列强掀起了瓜分世界的狂潮，而中国，更是成为他们争夺的焦点。甲午战争彻底暴露了清帝国的虚弱本质，各国不再有任何顾忌，纷纷划分自己的势力范围。《马关条约》中辽东半岛割让给日本的条款极大地触怒了俄国，俄国联合德、法两国威逼日本放弃对辽东半岛的占领。1896 年，李鸿章在莫斯科与沙皇政府代表签订了《中俄密约》，这是一份以同盟面貌出现的条约，实际上是沙俄为独占东北而制造的阴谋。同年，日本取得在天津、汉口、厦门等地设立租界的特权。光绪二十三年（1897）十一月，德国以武力占领胶州湾，次年三月强行“租借”胶州湾，租期为九十九年，进而把山东全境变成它的势力范围。光绪二十四年（1898）十二月，俄国舰队强占旅顺湾和大连湾，然后租借此两处，租期暂为二十五年，并且把整个东北变为自己的势力范围。法、英两国也相继提出了租借要求，把华南变成了它们的势力范围，英国还进一步扩大了香港的界址。美国忙于和西班牙争夺菲律宾，1899 年它向列国提出了“门户开放”

的通牒，逐步扩大了自己的对华侵略。此时的中国已到亡国的边缘。

保国会创立

保国会是继强学会之后，由资产阶级维新派创办的另一个重要政治团体。光绪二十四年（1898）四月十二日，康有为与御史李盛铎在北京成立粤东会馆，参加者有各省客人及官僚数百人。康有为在会上演讲，历述帝国主义侵略日急，瓜分危机严重的事实。会上通过了由康有为起草的章程共三十条；以“保国、保种、保教”为宗旨，尊奉上谕为前提，并在北京、上海及各省、府、县皆设分会。此后保滇会、保浙会、保川会相继成立，维新变法的浪潮遍及全国。但在顽固派疯狂打击和镇压下，该会不久就停止了活动。

戊戌变法

光绪二十四年（1898）四月，受维新派影响，立图强国的光绪帝决定实施变法。四月二十八日，光绪帝召见康有为，商讨和确定变法步骤和措施。不久，又准许康有为专折奏事，并命康有为为总理衙门章京上行走。根据康有为等人的建议，光绪帝先后颁布了一百多道除旧布新的改革诏令。新政的主要内容有：删改则例，裁汰冗员；准许大小臣民上书言事等。新政遭到了封建守旧势力的一致抵制和反对。在地方除湖南巡抚陈宝箴支持变法外，其他督抚大多置若罔闻。在中央，新政机关基本上全部被顽固派所把持，变法诏书也就成为了一纸空文。后来慈禧太后发动政变，宣布废除一切新法，变法失败。因当年为戊戌年，所以称“戊戌变法”。

义和团运动

义和团原名义和拳，是清末活跃于民间的一种团练组织，光绪二十五年（1899），山东清平县义和拳为义和团。同年夏季，清政府转变了对义和拳的政策，由一味剿杀改为抚剿兼施的策略。后经山东巡抚毓贤的奏请，朝廷承认了义和拳的合法，于是义和拳正式改为义和团。此后，义和团争得了合法地位，其他各省的义和拳也陆续改称义和团。毓贤对义和团的招抚政策，使山东义和团迅速扩展，团众四处攻打教堂，驱逐教徒，与助教为虐的地方官员作对。光绪二十五年九月，朱红灯在平原县杠子李庄，首先树起“兴清灭洋”的大旗。此后“顺清灭洋”“保清灭洋”“扶清灭洋”等口号都陆续出现，后来大都统一为“扶清灭洋”。后来袁世凯任山东巡抚，极力镇压义和团。山东的义和团被迫进入华北及京津地区活动，进一步推动义和团运动的高涨。

八国联军侵华

义和团运动的高涨，严重影响了各帝国主义在华的利益，尤其以京津地区为甚。光绪二十六年（1900）四月，英、美、德、法四国照会总理衙门，限令清政府两个月内“剿除”义和团，否则将派出水陆各军代为“剿平”。六月十日，俄、英、美、日、德、法、意、奥（奥匈帝国）各国组成八国联军，共两千一百多人，在英国海军上将西摩尔的率领下，由天津进犯北京，正式挑起八国联军侵华战争。六月十六日，八国联军攻陷大沽口炮台，天津近郊的义和团与清军协同作战保卫天津。六月二十一日，清政府对八国联军宣战。但几天后，政策逆转，又电令驻外使臣请求各国体谅，并保证惩办义和团。七月十四日，八国联军攻下天津，集结两万兵力进犯北京。八月十四日，北京沦陷。联军分兵四处攻掠，烧杀抢劫，繁华的京津之地变成了瓦砾场。光绪二十七年（1901）九月，清政府和西方十一国代表签订了《辛丑条约》后，八国联军才撤出了北京城。

日 俄 战 争

光绪三十年（1904）二月六日，日本对旅顺口的俄国舰队发动突然袭击，日俄战争爆发。十日，双方同时宣战。

日俄战争是帝国主义为争夺殖民地而进行的一次非正义战争，目的是争夺中国领土，战争也大部分在中国境内进行，战区内外被屠杀的中国老百姓不计其数，而清政府却未做任何抗议，不知羞耻地宣布中立。日本取得了这场战争的胜利，两国在瓜分中国和朝鲜的权益方面，相互做了让步，但日本是这次战争的最大赢家。俄国同意日本在朝鲜的统治地位，1910 年，日本吞并了朝鲜。日俄两国签订条约，清政府宣布凡涉及中国事件而未经与中国商定者概不承认，但是光绪三十一年（1905）九月五日由美国总统罗斯福调停下签订的日俄《朴茨茅斯条约》完全不考虑中国的意见，俄国将其在南满的全部侵略权益自行转让给日本。清政府已无力主宰自己的命运，灭亡指日可待。

中国同盟会

光绪三十一年（1905）七月，孙中山自欧洲经南洋抵达日本，会见了黄兴等人，并商议组建新的革命组织。经过一系列紧张的筹备，同年八月，同盟会在日本东京正式成立。同盟会设立总理（始终由孙中山担任），总理之下仿照西方三权分立原则设立执行、评议、司法三部；执行部下设庶务、内务、外务、书记、会计、调查六科，由总理直辖；同时任命了汪精卫为评议部长，邓家彦为司法部判事长。成立大会通过了《中国同盟会总章》，确定以孙提出的“驱除鞑虏，恢复中华，创立民国，平均地权”十六字为同盟会政纲，后来孙中山又将其概括为三民主义。从此同盟会在孙中山的领导之下，努力开展各项活动和斗争，担负起领导中国民主革命的重任。1912 年，经宋教仁等积极筹划并经孙中山同意，同盟会联合其他几个政治组织，改组为中国国民党。

溥仪继位

光绪三十四年（1908）一月七日，慈禧命人验收了她的寝陵。十三日，她又命将溥仪在宫内抱养，在上书房读书，并授载沣为摄政王。一月十四日，光绪皇帝病逝于瀛台，终年三十八岁。逝后被谥为景帝，庙号德宗。因光绪无子嗣，慈禧即命光绪弟醇亲王载沣之子溥仪继承皇位。在光绪死后的第二天慈禧也告别了人世，结束了她近半个世纪的统治。

十二月二日，年仅三岁的溥仪即位，由其父摄政王载沣监国，执掌军政大权。定明年为宣统元年，他是清王朝最后一个皇帝。

黄花岗起义

同盟会自成立之日起，便开始了以武力推翻清政府的计划，曾先后发动了七次起义，但均以失败而告终。1910年，孙中山举行秘密会议，召集黄兴、赵声、胡汉民等人商议在广州再次起义。1911年1月，在香港成立了起义领导机关。由于中途事情变故，起义时间一再推迟，最后确定为四月二十七日。起义前，黄兴、林觉民、方声洞等敢死队员写了绝命书，表示了誓死革命的决心。四月二十七日，黄兴集合先锋队员一百二十多人起义，直扑总督衙门。战斗进行得十分激烈。由于寡不敌众，起义最终宣告失败。同盟会牺牲的成员众多，但最后只拾得七十二人的忠骨，将其葬于广州的黄花岗，后人称这七十二人为黄花岗七十二烈士，起义称为黄花岗起义。

武昌起义

为了推翻清政府，同盟会曾发动过多次武装起义，虽然均以失败而告终，但为辛亥革命准备了条件。宣统三年（1911），共进会和文学社两个革命组织举行联合会议，商量举行起义的计划。会议决定十月六日发动起义。后来因准备不足而决定推迟，十月十日武昌起义终于打响了第一枪，两天后，革命军占领了武汉三镇。武昌起义的胜利使得革命迅速蔓延，短短两个月时间，即有鄂、湘、陕、赣、晋、黔、苏、浙、桂、皖、粤、闽、川等省先后宣布独立。清政府迅速陷入了崩溃局面。孙中山于十二月回国，经十七省代表会议推举为临时大总统。1912年元旦，中华民国临时政府在南京宣告成立。此次起义因发生于农历辛亥年，所以又称辛亥革命。辛亥革命在中国历史上意义重大，它的成功，宣告了长达两千余年的封建君主专制统治的结束，民主共和制的开始，开辟了中国历史新纪元。